M. A. BOSC.

CATÉCHISME

DE

DOCTRINE SPIRITUALISTE

(Ésotérisme Élémentaire)

DEUXIÈME ÉDITION

PARIS

Librairie des Sciences Psychiques | Édition de la « Curieuse »

42, RUE SAINT-JACQUES   6, PLACE SAINT-MICHEL

TOUS DROITS RÉSERVÉS

1897

CATÉCHISME

DE

DOCTRINE SPIRITUALISTE

(Ésotérisme Élémentaire)

OUVRAGES DU MÊME AUTEUR

VOYAGE EN ASTRAL ou *Vingt nuits consécutives de dégagement conscient*, 1 vol. in-18 de VIII-406 pages. Paris, 1896.

NOUVELLES ESOTÉRIQUES avec préface, notes et postface de J. Marcus de Vèze (1re série).

Le Sacrilège ; Le Drapeau Noir ; L'Ombrelle Verte ou *La Jettatura : Lysmpha la Korrigane ; La Roche-du-Maure* ou *La Roche-Vidal*, 1 vol. in-18 de XIV-350 pages. Paris, 1897.

NOUVELLES ESOTÉRIQUES (2e série) *sous presse.*

EN PRÉPARATION

LES INFERNAUX (*Roman Esotérique*).

LE SERVITEUR DE JONATHAN (*Roman Esotérique*).

THOMASSINE (*Roman Esotérique*).

LA DENTELLIÈRE DU PUY (*Roman Esotérique en cours de publication dans LA CVRIOSITÉ*).

M. A. B.

CATÉCHISME

DE

DOCTRINE SPIRITUALISTE

(Ésotérisme Élémentaire)

DEUXIÈME ÉDITION

PARIS

Librairie des Sciences Psychiques | Édition de la « Curiosité »
42, RUE SAINT-JACQUES | 6, PLACE SAINT-MICHEL

1897

CATÉCHISME

DOCTRINE SPIRITUALISTE

~~~~~~~~

DIEU

D. — Qu'est-ce que Dieu ?

R. — Dieu est l'ensemble de l'Univers visible et invisible et plus encore.

D. — Pouvons-nous le comprendre ?

R. — Non. l'être humain actuellement ne le peut. Il manque des organes nécessaires à cette spéculation ; c'est même une folie de sa part d'essayer de sonder ce mystère ; l'étude persévérante de la nature physique et astrale peut seule élever la compréhension de l'homme jusqu'à saisir quelques-unes des lois qui régissent les divers plans de la création et donner ainsi une explication accessible à son mental, de l'acte créateur du Verbe, Première Manifestation de l'Inconnaissable à jamais.

D. — Ne pourrait-on pas lui communiquer artificiellement cet arcane ?

R. — Non, ce serait inutile et superflu, dès lors plutôt nuisible, la lumière trop intense de la vérité détruirait le long et pénible travail de son évolution présente.

D. — Alors, de quelle manière faut-il présenter à l'homme l'idée de Dieu, Souverain Créateur ?

R. — En rétablissant dans son entendement, la réalité des hiérarchies célestes, dont le paganisme fit un abus déplorable. Ces êtres supérieurs étant en toute vérité dans leur ensemble, les seuls créateurs, animateurs et conservateurs de l'espèce humaine. Pour notre race, Jésus le *Christ* est notre Dieu contemporain, celui qui est en mission, j'allais dire en *charge* pour recevoir nos prières et devenir le conservateur, l'aide préposé par le Divin Collège, pour permettre l'ascension aux âmes éprises du désir d'une vie supérieure.

D. — Il faut donc ne nous adresser qu'à Jésus ?

R. — Principalement, oui ; exclusivement, non. — D'ailleurs chaque race a un *Divin* à sa tête et de même, des Esprits ou Dieux secondaires. Jésus étant uni à la Divinité ainsi que le comprennent les hommes, ne faisant qu'un avec elle, est par cela même un avec tous les Dieux. Tous les Méssies et Messagers célestes qu'adore l'humanité depuis son éveil à l'existence, chaque âme va au Dieu Unique par la voie tracée par un fils de Dieu, lequel sert d'intermédiaire particulier à ses fidèles.

Jésus attire à lui les âmes tendres ; il est tout amour, et sa pure doctrine donne satisfaction à tous les besoins de l'homme ; elle est simple et lumineuse à la fois, forte et douce ; nulle plus que la sienne, ne saurait enlever l'humanité à sa déchéance et la ramener au plan supérieur de la création pour laquelle elle a été faite.

D. — La prière est-elle un commandement formel ?

R. — Non, elle est une forme nécessaire pour se mettre en communication ordinaire ou extraordinaire avec nos chefs hiérarchiques ; c'est un appel à leur sagesse ou à leur amour pour éclairer notre mental, afin de faire un choix plus judicieux dans notre libre arbitre limité, ou recevoir de leurs effluves puissants : réconfortance dans nos volontés vacillantes, et secours pour nos corps malades.

D. — La prière est donc uniquement faite à notre profit ?

R. — Non, la prière fervente, entité lumineuse frappe dans son parcours, les âmes incarnées en voyage astral, ou, les désincarnés, malheureux qui habitent les lieux bas de l'atmosphère ; ils

saisissent avidemment ce luminaire et souvent
se l'appliquent à eux-mêmes ; ils sont touchés soit
de la peine (semblable à la leur) qu'ils comprennent seulement alors du priant, et ils trouvent
parfois une satisfaction à devenir les auxiliaires,
du divin invoqué.

Ensuite l'action de grâce, prière fervente, monte
comme un véritable encens jusqu'au cœur des
protecteurs invoqués.

D. — Quelle est la prière la plus efficace ?

R. — Celle qui n'a pas un but purement
personnel.

D. — Quelle est la meilleure formule ?

R. — Celle qui exprime le plus simplement, le
plus brièvement la demande ; le sentiment qui
dicte la prière est la foi qui lui donne des ailes
puissantes ; voilà la loi.

D. — Devons-nous prier souvent ?

R. — Oui, mais non pour toujours demander
et seulement pour envoyer nos élans d'amour et
de reconnaissance aux Divins, afin que par cet
acte, notre âme soit en constante communion
avec les couches supérieures ou *Sphères Divines*.

D. — Quelle est la meilleure religion existant
aujourd'hui sur notre planète ?

R. — Celle qui convient à l'état intellectuel de
votre entité. Toutes les religions récèlent comme
une lampe, un mode d'éclairage ; mais rien ne

vaut la lumière du soleil, qui éclaire et qui vivifie. Telle est la philosophie des vrais Initiés. — Le plus humble se peut chauffer au soleil sans en connaître sa réelle composition; mais encore faut-il que nul obstacle ne se dresse entre lui et l'astre radieux. Le prêtre avide de tous les sanctuaires, est l'obstacle.

Frère, dès que tu saisiras la différence qui existe entre la pâle lueur de la meilleure lampe et l'éblouissant soleil intérieur, tu ne tenteras pas d'arracher au mineur sa lampe, mais tu refuseras pour toi-même, celle qu'un intéressé de n'importe quelle chapelle, tiendra à te faire porter pour rester ton fournisseur de lumière.

D. — Ainsi vous pensez que les religions sont actuellement inutiles ?

R. — Non ; pour la moitié du genre humain, les religions sont encore préférables aux doctrines néantistes qui achèveraient fatalement d'éteindre tout rapport de l'homme avec les hiérarchies supérieures, d'où lui viennent, la vie spirituelle et les moyens d'ascension ; mais de même qu'un fruit mûr à point, doit être cueilli et servi sur la table pour être absorbé et changer ainsi de destination ; de même, l'âme prête à recevoir l'enseignement occulte doit être soigneusement enlevée à l'arbre des religions et mis dans un milieu intellectuel différent, où elle puisse être l'objet de transformations successives par les soins des frères majeurs de notre planète.

D. — Les frères supérieurs donnent-ils encore leur protection aux membres des diverses religions ?

R. — Oui certes, et dans la mesure de leur intellectualité ; il n'est pas jusqu'aux fétichistes qui n'aient leurs protecteurs, valant bien mieux qu'eux, quoique inférieurs parmi les grandes âmes.

D. — Le culte est-il utile ?

R. — Le culte est une condition facilitant la pureté des rapports entre l'homme et le divin invoqué et choisi pour directeur ou guide. C'est une manière définie, indispensable pour se mettre en communication pour les âmes ignorantes et vacillantes, sans cesse sollicitées pour les amener à glisser dans toutes sortes de superstitions. Or, ce sont les superstitions qui livrent l'entendement humain peu développé aux Essences mauvaises, ennemies de la race humaine, toujours en éveil pour faire échouer dans la folie, les essais d'incorporation d'un Ego incarnateur.

D. — Les cultes sont donc absolument nécessaires ?

R. — Oui, mais il faut que ceux qui s'y soumettent en comprennent les moindres cérémonies, et qu'aussi, ils n'en profanent pas l'usage

journalier. Le culte sera toujours sur la terre ;
mais il changera, il doit changer avec le progrès
des lumières. Il est absurde, par exemple, de
faire chanter du latin ou tout autre langue, dans
les cérémonies, quand ceux qui assistent à ces
cérémonies, n'entendent pas le latin ou l'autre
langue chantée (1).

DE L'HOMME

D. — Qu'est-ce que l'homme ?

R, — L'image de son Créateur ou Emanateur.

D. — Qu'entendez-vous par le mot Homme ?

R. — Une Trinité en un seul être : esprit, âme
et corps matériel

D, — L'homme dont les instincts sont ceux
d'une brute, peut-il être l'image de son divin
Emanateur ?

R. — Cet être inachevé n'est qu'une ébauche
informe, un essai incomplet, une image troublée,
une graine avortée, mais que les successives retou-
ches du Divin Artiste rendront de plus en plus
ressemblante hu modèle, jusqu'au jour où l'image
sera confondue avec l'original.

---

(1) Il y aurait certes beaucoup à ajouter à cette question; mais je ne dois pas oublier que le cadre que je me
suis imposé, est très limité.

D. — Quel est le premier devoir de l'homme qui a franchi les limites qui le séparent de la brute ?

R, — Apprendre à soigner intelligemment son corps et celui des siens, puis à agrandir le cercle de ses connaissances, d'abord celles qui concernent son état de vie ; il ne doit point chercher à devenir habile en dehors de son cercle d'attraction ; car se forcer à exceller dans ce qui est antipathique est mauvais et facilite trop souvent, le penchant à la paresse, obstacle capital et premier à combattre entre tous, par l'homme. Il doit ensuite cultiver comme récréation, une attraction artistique, celle pour laquelle il se sent le plus de dispositions. Il n'est pas d'aussi faible intelligence qui ne puisse être mise à même de s'éclaircir, de s'agrandir par les vibrations musicales, par exemple.

L'Etre humain doit toujours être sollicité par une occupation mentale agréable pour remplir les heures de repos corporel. Il faut absolument fournir au peuple des moyens de s'instruire en se récréant moralement. Fournir des idées saines, plus de lumière à un cerveau, c'est le nourrir pour la Vie éternelle.

D. — L'homme, que se doit-il à lui-même, c'est-à dire à son corps ?

R. — La nourriture en quantité suffisante prise à des heures fixes autant que possible. Il ne faut jamais qu'il laisse (je ne dis pas la gloutonnerie qui est le fait de la brute) mais la gourmandise s'infiltrer en lui ; rien n'est plus pernicieux à la santé comme ce vice, grand perturbateur des rapports de l'Ego avec son instrument corporel.

— D. Comment doit-il organiser son temps ?

— R. Qu'il alterne sagement les heures de tra-vail et de repos, donnant au sommeil réparateur par excellence, tout le temps voulu par la nature, non celui que la paresse réclame trop souvent. Le lit n'est point le lieu de rêverie du bien portant, il ne faut l'occuper que pour le véritable sommeil durant lequel le dégagement est complet.

D. — Que doit-il éviter avant tout ?

R. — Que l'homme évite dès l'âge de raison, la colère qui aveugle son entendement et trouble profondément son système nerveux, bien que chez quelques-uns l'ardeur du sang provoque ces accès périlleux pour la raison. On peut toujours en s'y prenant jeune, dompter ces cyclones dévas-tateurs pour soi et pour autrui.

D. — Que doit-on penser de l'orgueil ?

R. — L'orgueil, qui peut être le moins repré-hensible des péchés capitaux, serait facilement extirpé, si l'homme se rendait un compte exact de sa position dans la nature, car il verrait l'éten-due de sa faiblesse par rapport à l'universalité de la vie qui l'enserre. Il reconnaîtrait que son libre arbitre ressemble à la liberté dont jouit un interné dans une forteresse et que toute action d'éclat sert le résultat d'un effort humain, réalisant une idée, une pensée supérieure à son milieu. Il saurait enfin (et cela le consolerait) que possédant des droits à une royauté en perspective, il ne peut que se réjouir dans le présent, de l'aide qu'il est à même de donner aux Seigneurs de son ciel, pour arriver à prendre place parmi eux, au jour de la complète Initiation.

D. — Que doit-on penser de l'envie ?

R. — Que l'homme remplace la hideuse envie couveuse de perfidies par la belle et juste émulation aux fruits vermeils, c'est la fraternelle poussée vers le beau et le vrai, dont il doit faire sa plus chère passion, car l'homme peu avancé né peut vivre sans passions. Qu'il transforme donc ses sentiments, puisqu'il ne peut les annihiler dans l'état actuel de la civilisation.

Ceci s'applique également à la luxure qui de torrent devenant ruisseau sera charme et profit.

D. — Que doit-on penser de l'avarice ?

R. — L'avarice est une grande abomination qui change en mal tout le bien qu'il est possible à l'homme de faire ici bas, quel que soit le poste qu'il occupe.

L'avarice, c'est à la fois l'inondation qui noie tous les germes du bien ou le vent brûlant des steppes sablonneuses ôtant la vie à tout ce qui respire ! Partout, en haut comme en bas de l'échelle sociale, l'avarice est la marâtre qui détruit tout jusqu'à l'âme de celui qu'elle sugestionne de son implacable et féroce pouvoir.

L'avarice est le vice qui fait le tort le plus réel à l'âme, qui la plonge dès cette vie, dans l'égoïsme le plus complet et cela, au point qu'elle néglige même de donner à son corps ce qu'il réclame justement.

L'avare fait donc souffrir les millions de petits êtres, dont se compose son enveloppe charnelle ; sa passion fait taire tous les besoins de ce tourbillon de vie, qui constitue son corps, mais chacune de ces minuscules entités ainsi lésées deviendront ses bourreaux, dès que la mort détruisant leur agrégat leur permettra une action plus directe sur la seconde enveloppe de la personnalité, le *linga-sharira* ou périsprit.

L'avarice est de tous les vices de l'homme celui qui détruit tout lien de famille, d'amitié et de fraternité avec l'humanité. — L'avare est le fléau de la société et le bourreau de son âme, il éteint en elle le flambeau de la conscience qui l'accuse ; il se sépare de l'humanité visible et à son insu de l'invisible par ses mauvais désirs d'héritage à bref délai ; il s'aliène le secours des anges, qui cherchent en vain dans l'avare un point de contact

avec sa nature sombre, froide, contractée, soli-
taire. — Jamais un homme enfermé dans cet igno-
ble vice desséchant, ne pourra s'occuper de la
moindre pensée de spiritualité.

D. — Doit-on faire des économies ?

R. — L'économie est une vertu nécessaire en
ce temps-ci, mais qu'on y prenne garde, elle est
souvent l'auxiliaire de l'avarice sans le vouloir.
Or pour éviter le piège, il faut que chez l'homme
avisé, l'économie ait un but utile et soit une
garantie de liberté d'action, par exemple.

D. — De quelle manière l'homme doit-il entendre le mot Morale ?

R. — On doit entendre par cette expression, la
façon de vivre d'après les règles usitées dans le
milieu le plus civilisé de son époque, si cette
époque est en accord parfait avec l'élévation intellectuelle et sentimentale de l'humanité sélectée.

D. — Mais qu'est-ce que la vraie Morale?

R. — La vraie Morale est celle qui préserve
l'homme des excès de tous genres, en donnant
une juste satisfaction aux divers plans de son
être complexe. — La Morale est le code qui four-
nit une barrière fictive aux désordres des tendances physiques et même animiques.

D. — La Morale est-elle fixe et immuable?

R. — Oui, mais elle se modifie dans la suite
des siècles comme application, restant cepen-

dant la même, toujours une, dans ses grandes lignes.

D. — L'homme doit-il se marier ?

R. — L'homme doit, tout en consultant sa vocation, tâcher d'être un producteur. — Etre père n'est-ce pas la production la plus belle ; mais encore faut-il en comprendre toute la dignité et la responsabilité.

L'homme sollicité par les besoins de sa nature à se marier doit s'engager dans le mariage entre 25 et 3o ans ; plutôt il ne connaît pas assez ses propres tendances, plus tard, sa force physique est amoindrie et l'âme engagée dans la lutte a également moins d'élans affectueux pour sa compagne.

D. — Certaines natures peuvent cependant préférer le célibat au mariage ?

R. — Celui qui préfère le célibat doit toute sa vie se considérer comme débiteur envers la société et lui rendre, si possible, un équivalent de force en travaillant à secourir, élever les orphelins ou à enrichir le domaine intellectuel par des découvertes ou des applications améliloratives dans les diverses branches des sciences économiques, afin d'adoucir le labeur des pères de famille, lesquels devraient en toute justice être exonérés de l'abrutissant esclavage militaire.

D. — Le célibat peut avoir des motifs divers ?

R. — Le célibat qui n'est pas le fait d'un cal-cul égoïste ou d'une lâche paresse a un beau rôle à remplir. Si la solitude sollicite le célibataire, il est libre de céder à son appel, pourvu qu'il n'y perde pas son temps, que sa méditation lui fasse deviner et atteindre des vérités nouvelles, dont la connais-sance puisse réaliser le progrès permis à l'huma-nité en marche vers le perfectionnement infini.

D. — Avez-vous une particularisation à donner aux femmes dans votre enseignement ?

R. — Oui ; bien qu'obligé d'être bref, je recon-nais que la femme a, par sa double nature physi-que et animique des obligations analogues, mais sensiblement différentes de l'homme.

D. — A quoi doit-elle se consacrer ?

R. — Elle doit se consacrer avant tout à la maternité et par ce mot, j'entends non seulement ses soins aux fruits de son union avec l'homme, mais encore aux devoirs de la vie entière dans la famille, dont elle est l'âme.

La nature a fait la femme avec amour…celle-ci doit sous peine de déchéance, émaner sans cesse de l'amour sous ses diverses nuances, autour de sa personalité.

D. — Que doit encore la femme à la société ?

R. — La femme doit le dévouement et la cha-leur de son amour à sa famille, à ses amis, aux idées humanitaires, mais pénétrée de la grandeur

de son rôle, elle ne doit jamais abdiquer sa
dignité, dans d'impardonnables déviations de sa
noble nature, non plus que céder lâchement aux
arbitraires atteintes à son indépendance, comme
créature complémentaire de la partie masculine
de sa race.

La chevalerie a trop exalté la femme; l'état
actuel l'avilit ou la masculinise à son très grand
préjudice.

Ceci dit, je crois avoir résumé l'essentiel sur
les devoirs que l'homme se doit à lui-même.

Voyons ce qu'il faut qu'il observe vis-à-vis des
autres lui-mêmes, c'est-à-dire vis-à-vis d'autrui.

DES DEVOIRS DE L'HOMME
ENVERS LA SOCIÉTÉ

D. — Quel est le premier devoir de l'homme
envers la société ?

R. — Il doit dans la mesure de ses moyens
physiques et animiques, rendre à ses père et mère
le bien, les soins et la tendresse qu'il en a reçu.

Il doit les entourer de respect, fermer les
yeux sur leurs fautes et leurs défauts, suspen-
dant le jugement de leurs actes jusqu'à un âge
assez avancé dans la vie, époque à laquelle seulement on peut par l'expérience acquise, connaître

et apprécier les mobiles qui les ont fait agir et ensuite, sagement s'appliquer à soi-même le fruit de leur expérience.

D. — Quel est le second devoir de l'homme envers la société ?

R. — Il doit cultiver et conserver l'affection fraternelle, garder toute sa vie l'intimité familiale, centre virtuel de force animique, producteur et conservateur d'un foyer de force psychique, que le culte des ancêtres contribue à rendre efficace pour le bonheur physique et spirituel des familles humaines.

D. — Quel doit être le rôle du chef de famille?

R. — Le chef de famille doit être respecté et jouir d'un privilège sacré parmi les siens. S'il est par trop indigne de ce titre, il doit en être dépossédé carrément par toute la famille réunie. à laquelle se sont adjoints de vieux amis dans un Conseil, dont on a banni toute idée intéressée. Il doit être remplacé dans la famille, par celui qui, par rang d'âge, est jugé le plus digne.

D. — Vous admettez donc la hiérarchie dans la famille ?

R. — Certainement. Cette hiérarchie de la famille, en faisait autrefois, la force ; c'est l'abus qu'en ont fait les aînés, qui a détruit cette belle organisation, imitation de celles de nos sphères astrales.

D. — Quel est le troisième devoir de l'homme envers la société ?

R. — L'homme arrivé à l'âge de raison, bien constitué, sain de corps et d'esprit, doit choisir une épouse selon son cœur, c'est-à-dire, répondant autant que possible à ses goûts, à ses aspirations ; il ne doit se préoccuper que très secondairement de la fortune. Une connaissance approfondie de la famille, est indispensable, car, à bien peu d'exception près, la fille a au moins les tendances familiales : la santé, l'intelligence, la beauté, sont des conditions qu'une éducation morale rendent désirables.

D. — Quel doit être la conduite de l'homme envers sa femme?

R. — Il faut que l'homme tout en protégeant sa compagne, laisse à sa nature la liberté de s'évoluer dans sa spirale individuelle et respective. Tout ce que l'homme enlève à la femme comme initiative, il le perd en force affective de la part de celle-ci. La tendresse conjugale est la provision de bonheur la plus grande, que l'homme puisse avoir ici-bas. C'est d'elle que la famille se forme de toute manière. Homme soit doux, puisque tu es fort, guide, conseille, mais n'exerce jamais un pouvoir tyrannique qui n'appartient pas à ta propre faillibilité.

2

D. — Quel est le quatrième devoir de l'homme envers la société?

R. — Il doit être bon père dans toute l'acception de ce mot, qui résume le plus grand devoir de l'homme ici bas.

Avant de se marier, acte dont le véritable but est la production et l'éducation des humains, l'homme doit réfléchir mûrement et s'examiner pour voir, s'il est dans les conditions voulues, de santé, de force et de courage, pour faire face à toutes les éventualités du destin.

D. — Mais comment peut-on savoir si on a toutes les qualités requises pour le mariage?

R. — Pour cela, il faut s'instruire avec soin de tous les devoirs d'époux, au triple point de vue physiologique, moral et intellectuel. — Ici je réclame pour instruire réellement l'homme arrivé à l'âge adulte sur tous les points délicats de générateur, points qui sont d'un intérêt de premier ordre pour le progrès de la race, je demande, dis-je, une institution particulière de prud'hommes versés dans la médecine pathologique ainsi que dans l'étude du psychisme — et cela afin de n'omettre ni commettre aucun acte contre la loi d'harmonie, surtout en ce qui concerne la procréation.

Faire arriver sur le plan physique dans de mauvaises conditions un esprit, est un fort grand préjudice pour les parents et pour l'enfant, l'impulsion première influençant presque toujours la vie entière de la personnalité.

D. — Quel est le cinquième devoir de l'homme?

R. — Le respect des lois et de la hiérarchie, motivée par l'élévation et la justice dans le particulier comme dans le général. — Un profond amour de liberté, d'indépendance n'ayant d'autres limites que celle de ses frères humains ; union pour détruire progressivement tout ce qui peut empêcher l'humanité dans son évolution rationelle ; tolérance absolue de liberté de conscience ; abolition de la peine de mort (1) ; liberté d'associations religieuses, philosophiques et industrielles.

D. — Que doit l'homme à la chose publique?

R. — L'homme ne doit jamais se désintéresser de la chose publique, la société n'étant que l'extension familiale. Tout ce qui détourne l'homme des occupations et distractions morales, doit être détruit. Il faut laisser toutes les libertés, sauf celles qui portent l'homme à regresser (2) afin de laisser le moins de possibilité à ses tendances mauvaises, de se développer. Songez à l'aspir

_____

(1) L'homme n'ayant pas le droit de détruire ce qu'il n'a pas créé et pour une foule d'autres raisons encore.

(2) C'est-à-dire marcher en arrière.

mental si dangereux pour les jeunes âmes dans un milieu pervers.

D. — Quel est le sixième devoir de l'homme?

R. — Arrivé à la vieillesse, l'homme par sa vie bien remplie doit être un objet de respect et d'affection. Aucun vieillard ne doit par la misère avoir un aspect repoussant, et de même que pour les enfants, il est d'une absolue nécessité d'établir des résidences saines et même agréables, où, débarassé de tout souci l'être humain puisse se préparer au grand acte de la renaissance spirituelle, y étant sollicité pas des instructions appropriées à ses états d'âmes; ces résidences ne devraient pas être dénommées: Asiles, Hospices, Hôpitaux, Refuges, car ces termes rappellent à l'esprit des idées d'assistances, c'est-à-dire d'humiliation pour leurs habitants. Ils devraient être dénommés: Résidences de repos, Séjours de retraite, etc.

D. — Quel est le septième devoir de l'homme?

R. — Rendre témoignagne dans ses vieux jours du secours reçu durant sa vie par de bonnes institutions, œuvres des Frères supérieurs; encourager et conseiller la jeunesse, l'inciter à suivre la voie d'altruisme, qui donne tant de calme et de sérénité à ceux qui, arrivés au terme du voyage terrien, ont accompli la loi d'amour dans la plénitude humaine.

DU LIBRE ARBITRE

D. — L'homme a-t-il la pleine jouissance de son libre arbitre?

R. — Non, mais il est préférable que l'humanité ignore jusqu'à quel point est restreint son libre arbitre. Beaucoup de personnalités se complaisant dans la satisfaction de leurs désirs ou l'accomplissement de leurs actes quotidiens, deviendraient complètement *découragées*, si elles percevaient combien est dérisoire leur vanité, lorsqu'elles pensent pouvoir agir par la seule impulsion de celle-ci !

D. — En quoi consiste principalement le libre arbitre de l'homme?

R. — Le libre arbitre pour les humains ne consiste que dans le choix plus ou moins éclairé des pensées, que leur suggèrent leurs besoins ou l'ambiance peuplée d'invisibles facteurs, qui se servent de l'humain pour de nombreux usages, qu'il remplit d'autant mieux, qu'il ne s'en doute pas. Aussi a-t-on grand soin de lui ôter la possibilité de s'en apercevoir ; c'est là, ce qui met tant d'obstacles à la connaissance du plan astral pour l'humanité, laquelle reste ainsi en servage par ignorance.

D. — L'homme doit-il rester longtemps dans cet état ?

R. — Bien que malheureux pour l'humain, cet état doit persister tant que la terre comptera dans son humanité tant d'êtres entachés de bestialité. Pour eux, plus de liberté serait presque toujours le choix fait dans le mal pour autrui ou le service offert alors consciemment aux invisibles malfaisants, pour en obtenir des privilèges et désorganiser ainsi la liberté conditionnelle des autres humains.

D. — Mais chez les hommes doués d'une grande intelligence, le libre arbitre est-il aussi limité ?

R. — Non, mais il est bon que les hommes doués d'intelligence, de raisonnement soient persuadés que si leur libre arbitre a plus d'envergure, il est tout de même fort limité et qu'ils sont plus ou moins les serviteurs d'entités directrices de leurs actes bons ou mauvais, qu'ils doivent surveiller et contrôler leurs impulsions mentales avant d'agir ; là, seulement, peut s'exercer leur volonté, c'est le choix qu'ils font dans les impulsions perçues qui les classe dans un courant particulier, lequel les subtante de pensées, selon sa nature, les aide et les porte en quelque sorte durant leur vie terrestre.

D. — L'homme ne peut donc agir seul et librement ?

R. — Non, tout le travail que le cerveau de l'homme lui permet d'accomplir est fait en collaboration de ce courant magnétique vivant. Vous vous placez dans tel ou tel courant, suivant vos tendances passées, combinées avec celles de votre personnalité présente, mais quoique vous disiez ou fassiez, soyez certains que la plus grande partie de la peine et de la gloire de l'œuvre ne vous est point personnelle ! Méritez et vous obtiendrez à votre mesure, mais surtout, évitez de vous glorifier, reconnaissant votre *minorité* dans les actes par vous accomplis.

L'ENFANT

D. — Se fait-on dans notre société une idée juste de l'Enfance, de l'Enfant ?

R. — Non, l'enfance de l'homme est une phase méconnue et incomprise et cependant elle est la base et le fondement de toute une vie terrestre. — Pour tous ceux qui voient, comprennent et pensent, l'Enfance est la grande pitié !

D. — Pourriez-vous nous faire saisir toute la profondeur et toute la douloureuse phase de cette incarnation ?

R. — Nous allons l'essayer, mais il est bien entendu que nous ne nous adressons qu'à des per-

sonnes comme vous, assez éclairées pour ne point
discuter l'évidence des réincarnations sur ce globe ou toute autre planète analogue à la nôtre.
Sans l'adoption de ce point capital pour l'intellect, nos réflexions seraient sans portée aucune.

D. — Procédons donc par le commencement,
je vous prie.

R. — C'est ce que j'allais faire. — Prenons l'esprit au moment de son entrée dans la vie. Sa première manifestation est un cri de douleur, le lien,
qui le relie à son corps matériel depuis sa con-
ception vient de se raccourcir brusquement. Un
trouble suffocant l'envahit ; il perd pied en quelque sorte dans son milieu fluidique, comme le
terrestre qui se noie... Jugez de son angoisse ! Et
pour exprimer ses sensasions, pour faire appel à
un secours quelconque, il n'a qu'un instrument
inhabile, imparfait, un vagissement uniforme
qu'il ne sait pas encore moduler pour essayer de
se faire comprendre. Il s'agite faiblement ; il a des
yeux, mais voilés par l'inconscience du milieu...

Voilà l'homme.

D. — A quoi faut-il attribuer cette angoisse et
ces terreurs.

R. — C'est parce qu'il persiste encore longtemps sous cette chétive enveloppe, sous cette
apparence de l'homme, le souvenir précis de
l'au-delà, de ce que les occultistes nomment le

Monde Astral dans lequel l'enfant revient au plus petit sommeil ; là il se reconnaît, il est pour ainsi dire chez lui ; mais aussi il se rend compte de l'épreuve à subir et son désespoir est parfois si violent que son pauvre petit corps si sensible à l'action de son astralité s'éveille en jetant des cris aigus et se tordant en convulsions désespérées.

D. — Pourquoi cela !

R. — Tout cela n'est que le reflet des efforts inouïs que fait l'esprit du nouvel incarné pour rompre le lien qui l'attache à sa prison de chair, lien qui malheureusement pour lui, prend chaque jour plus de force, en perdant de son élasticité.

D. — Que pense la mère de voir son enfant en cet état ?

R. — La mère ou plus souvent la nourrice mercenaire s'effraient ; l'enfant a des coliques (cela se peut quelquefois), on tape à tort et à travers sur les reins du petit être, on l'agite violemment de tous côtés en des balancements idiots, ce qui ne fait qu'exaspérer encore plus l'esprit, on lui détériore si bien son instrument qu'il profite de ce moyen offert par l'ignorance de ses gardiens et recommence de plus belle à provoquer les convulsions jusqu'au moment où le médecin appelé ordonne trop souvent un traitement qui achève l'œuvre de destruction.

D. — Cette manière de faire, fait-il mourir beaucoup d'enfants.

R. — Une énorme quantité ; mais il est bien entendu que nous ne nous occupons pas des enfants à qui échoit par épreuve ou expiation, des corps ayant en germe des causes fatales de mortalité.

D. — Existe-t-il un remède à cela ?

R. — Un seul remède existe, à la fois préventif et curatif, l'attraction puissante de l'amour auquel l'esprit ne résiste jamais, l'éprouvant dans toute sa puissance ainsi que dans ses moindres effets. Les personnes entourant le petit être et surtout la mère doivent en être imprégnées pour envelopper magnétiquement l'enfant ainsi que son atmosphère immédiate, afin d'éloigner de lui les influences malfaisantes, jalouses et autres qui l'assaillent pour le troubler par leur effrayantes apparitions et même le tourmenter dans sa corporéité.

D. — Mais l'enfant ne voit pas les entités de l'astral ?

R. — Au contraire, l'enfant est toujours voyant et auditif, tant qu'il n'a pss cessé d'être à la fois habitant de l'astral et du plan matériel : c'est-à-dire jusqu'à l'âge où son incorporation est parachevée, ce qui a lieu vers 7 ans pour la première phase et à la puberté pour la deuxième.

D. — Dès l'instant que l'enfant est voyant, on doit le traiter comme tel et toujours l'observer avant de le molester ?

R. — Certainement, si l'on était persuadé que l'enfant voit et entend ce qui échappe à l'adulte, il faudrait au lieu de le gronder, de le brusquer pour ce que nous prenons pour des caprices, des changements d'humeurs soudaines, le caresser, le distraire, lui parler même, qui sait s'il ne nous comprend pas dans son astralité !

D. — Que doit-on faire à son égard, dès que s'éveillent ses perceptions physiques ?

R. — Il ne faut alors présenter à l'enfant que des objets agréables, des visages riants; ne jamais le contrarier dans ses répulsions premières toujours motivées, au moins pour lui qui jouit d'une sensibilité, d'une sensitivité tellement délicate, que ce qui vous paraît puéril est pour lui capital. Ainsi, par exemple, quand un enfant répugne à prendre le sein d'une nourrice ou à être tenu dans les bras d'une personne, c'est là un indice certain, une indication suffisante, qui montrent que le fluide de ces personnes lui est désagréable et même malsain. — Si l'enfant était dans sa libre astralité, jamais il n'aurait subi ce contact qui répugne à sa nature psychique ou physique ; aussi en le forçant à subir ce contact, on lui impose une véritable torture.

D. — Cependant pour faire l'éducation de l'enfant, il faut bien diriger sa volonté et ses actes.

R. — Il ne faut pas imposer à l'enfant votre volonté, tant que vous n'aurez pas compris ses instincts naturels. Il faut aussi étudier avec attention, avec amour ses moindres sensations, car celles-ci donnent la clef de son état psychique. — Dans les premiers mois de sa naissance, les plus pénibles pour le petit être, ceux pendant lesquels, il ne peut se résoudre à son immersion dans la matière, on doit se borner à l'envelopper constamment, nuit et jour de tendresse ; il faut se trouver auprès de lui à son réveil pour le rassurer ; c'est surtout au moment où l'enfant s'éveille, qu'une mère intelligente peut apercevoir quelques indices de son état d'âme.

D. — Que doit-elle faire alors cette mère ?

R. — Elle doit ne pas le sortir brusquement de cet état s'il est doux, l'en distraire peu à peu s'il est pénible ; car si l'enfant flotte entre la réalité et le rêve, il faut que la transition se fasse lentement pour que son cerveau si impressionnable n'en soit pas brusquement choqué. — Voyez combien est délicate la corolle des fleurs et combien le moindre froissement la détériore ; les fines nervures du cerveau sont bien autrement sensibles au choc nerveux des sensations psychiques et fluidiques.

D. — Quand doit-on commencer l'éducation
de l'enfant ?

R. — Jusqu'au jour où l'enfant commence à se
faire comprendre par ses gestes et un langage à
lui que comprennent les mères, il ne faut pas
commencer son éducation, car on ne sait encore
rien des propensions de l'âme qui s'est confiée à
vos soins ; mais dès qu'il y a moyen d'échanger
avec elle une correspondance quelconque, muni
du résultat de vos observations premières que
vous prenez d'abord pour base d'action, essayez
petit à petit d'inculquer à l'enfant votre volonté,
que vous mettez le plus possible en connexion
avec la sienne (au moins dans bien des cas) pour
l'impulser dans un sens favorable à sa nature.
Agissez délicatement car l'enfant est très subtil
dans son premier âge, s'il ne s'explique pas les
moyens et les choses, il en saisit instinctivement
le mobile et surtout la justice ; il faut mériter la
confiance de l'enfant et non la lui imposer; ayant
encore peu d'idées, l'enfant absorbe très vite la
notion qu'il reçoit, il s'en souvient surtout et
malheur pour votre autorité sur lui, si vous le
trompez sciemment ou non.

D. — Mais à ce compte il faudrait considérer
l'enfant comme étant déjà une personnalité ?

R. — Certainement, c'est même le grand tort
qu'on a, de ne pas considérer l'enfant comme une

personnalité réelle, car malgré son apparence l'enfant a raison, il se place à un autre point de vue que vous et moi, voilà tout, n'étant pas instruit encore dans les usages et les mobiles humains. Aussi dans une abérration d'esprit commune à presque tous les hommes, on traite l'enfant ou on agit avec lui comme avec une personnalité sans conséquence ; bah ! c'est un enfant, il n'y comprend rien encore, il a beau voir, il ne s'explique pas la chose, etc., etc.

D.— Hé bien, n'est-elle pas juste cette opinion qu'on a sur l'enfant ?

R.— Epouvantable erreur, qui souvent porte un tort irréparable à l'intelligence, au cœur et au corps du pauvre petit être incompris, faute d'attention et d'amour.

Il est triste et curieux à la fois de voir combien les hommes doués d'intelligence se donnent du mal pour étudier les lois physiologiques qui concernent les animaux dont ils peuvent tirer gloire ou profit et s'occupent si négligemment des études pouvant améliorer leur espèce ou diminuer ses douloureux développements, ce qui en définitive serait travailler pour eux-mêmes, puisqu'ils doivent renaître dans ce même milieu.

D.— Au point de l'éducation physique comment doit-on élever l'enfant ?

R.— L'enfant marchant bien seul, laissez-le se diriger librement sous votre surveillance constante sans qu'il s'en doute, afin qu'il jouisse de l'exercice de sa volonté naissante. N'intervenez qu'en cas de danger. L'enfant qui tombe ne pleure souvent que par ce qu'il a des témoins de sa maladresse ; il faut qu'il s'habitue à prévoir les obstacles. Ce qu'il faut éviter c'est de lui faire reconnaître à tout instant sa faiblesse, car il perd confiance en lui et cesse d'observer pour se garantir.

D. — Doit-on élever l'enfant seul ou avec d'autres enfants de son âge ?

R.— Dès qu'un bébé peut s'ébattre, marcher et s'amuser, mettez-le en compagnie d'enfants de son âge. C'est le milieu le plus favorable pour son développement.

D.— Doit-on laisser embrasser les enfants à tout instant et par toute personne ?

R.— On doit toujours éviter de laisser embrasser avec force et à tous moments, un enfant et même qu'on le tienne inutilement dans les bras ou sur les genoux. Il est certain que c'est très agréable pour les grandes personnes de caresser ainsi les bébés roses, mais cela est absolument contraire à leur santé.

D.— Pourquoi cela ?

R.— Parce que l'on soutire d'eux par ces

baisers presque toujours inopportuns, des fluides extra-vitaux. Du reste tout le monde sait fort bien qu'on évite de toucher et de manier les petits animaux jeunes pour ne pas nuire à leur bonne venue et l'on n'applique pas ce soin vulgaire aux petits de l'espèce humaine, bien plus délicats pourtant !

D. — Peut-on sans inconvénient laisser les enfants en contact avec les grandes personnes ?

R. — Il est absolument nécessaire d'éloigner les petits et même les jeunes enfants du contact des grandes personnes. Ils entendent et voient des choses qui les rendent précoces, en des matières toujours mauvaises pour leur âge. Aussi les parents ont-ils grand tort de tirer vanité de la précoce intelligence de leur progéniture. L'enfant doit pour sa santé physique et psychique se développer naturellement, plus son âme reste enfantine, plus ses organes sont pondérés et résistants, quand le temps venu des études, il leur faudra offrir de l'élasticité ou de la résistance.

D. — Quel est le milieu le plus favorable pour l'enfant ?

R. — L'école enfantine confortable surtout au point de vue hygiénique où règne une surveillance occulte parfaite est le milieu le plus désirable pour l'enfant. Là des jouets à peu près conformes, aucun luxe donnant aux enfants des germes de vanité. Rien ne resserre le cœur de ces petits êtres comme la vanité.

D.— Comment doit-on instruire les enfants ?

R.— Il faut instruire les enfants en les amusant. et cela au point que pour eux, aller à l'école, soit un véritable plaisir, une grande attraction.

D.— En ce qui concerne le dessin que doit-on faire ?

R.— Dès le premier âge, on doit donner à l'enfant les premières notions de dessin et avant même de leur apprendre l'alphabet, leur faire dessiner les lettres.

D.— En ce qui concerne les punitions, que doit-on faire ?

R. — On ne doit jamais infliger à l'enfant des corrections corporelles. — On doit le faire réfléchir sur sa faute. éveiller son raisonnement avec patience et si l'on trouve nécessaire de stimuler son émulation au travail, il faut lui montrer un camarade plus intelligent ou plus avancé. Il faut user en ceci de grands ménagements pour ne pas faire naître l'envie ou la jalousie ! En effet, mieux vaudrait que l'enfant fît des progrès plus lents que de faire germer et développer en son cœur ces deux vices anti-sociaux qui dessèchent si grandement ce cœur.

D.— Ne pourrait-on utiliser certaines qualités

ou propensions de l'enfant pour son instruction ?

R. — Parfaitement, l'enfant est essentiellement curieux, aussi doit-on profiter de cette propension naturelle pour semer dans son intelligence de bons germes qui produiront à l'âge de raison de belles floraisons qu'il ne soit pas obligé d'arracher plus tard, les trouvant enfantines ou erronnées.

D. — L'enfant déconcerte parfois les grandes personnes par ses questions ; que faut-il faire dans ce cas ?

R. — Lorsqu'interrogé par l'enfant sur des questions au-dessus de son âge, c'est-à-dire au-dessus de sa portée ou bien encore pour son état d'âme d'enfant. il ne faut pas donner l'éveil à sa vive imagination par une fin de non recevoir trop brusque ou encore ce qui est plus fâcheux en lui donnant le change par une explication fausse ou incomplète.

D. — Que faut-il faire alors ?

R. — Dire à l'enfant que ces choses sont au-dessus de son intellect, comme un fardeau peut-être trop lourd pour ses bras débiles ; mais qu'avec le temps, ce lui sera très facile à comprendre et que s'il essayait de se les imaginer, il tomberait dans l'erreur, ce qui le fatiguerait inutilement. — Au reste les parents intelligents sauront même éviter ces sortes de demandes.

D.— Doit-on laisser lire aux enfants des livres qui pourraient leur tomber sous la main?

R.— Les parents doivent éviter de refuser aux enfants des livres impurs ou renfermant je ne dirais pas des images obscènes, mais même de laides images, de mauvaises illustrations. On doit rejeter hors de leurs yeux et de leur portée de pareils livres; si les parents avaient le malheur d'en posséder, ils feraient bien de les détruire.

D.— Les parents agissent généralement ainsi, s'ils sont édifiés sur leurs devoirs?

R.— Pas assez généralement. Les parents, les mères surtout, mal préparées pour leur grande mission maternelle, la plus noble et la plus utile qu'il soit au monde, si elles en comprenaient la grandeur et la valeur, elles s'y dévoueraient certainement davantage ; elles n'abandonneraient pas surtout leurs chers petits à des mains mercenaires toujours incapables, on peut hautement l'affirmer, de remplacer la mère.

Je sais bien que des gens du monde auront des objections à faire, les devoirs de la société à remplir (ces devoirs se composent de bals, dîners, promenades et autres distractions à prendre ou à donner), faux devoirs qui font rejeter les seuls véritables dont le premier de tous est sans contredit la présence de la femme à son foyer buand des enfants s'y trouvent.

D.— La femme doit-elle se consacrer uniquement à l'éducation de son enfant ?

R.— Oui, tant qu'elle a de jeunes enfants, la femme se doit consacrer toute entière à leur éducation. L'époux au lieu de l'en détourner pour des motifs futiles doit l'y encourager par son amour, par ses soins et le grand respect qu'il lui doit témoigner pour ses fonctions divines.

D.— Mais l'époux ne doit-il pas coopérer à l'éducation de l'enfant ?

R.— Si, il doit lui aussi partager également avec la femme le soin d'éduquer ses petits enfants, quand ses travaux lui en laissent le loisir et certes, l'homme occuperait plus sagement ses heures de liberté que de les dépenser au Café ou au Cercle, milieux dans lesquels on perd trop de vue les devoirs et les plaisirs du foyer.

D.— Ces fréquentations de Café et de Cercle, n'ont-elles pas d'autres inconvénients que de priver les enfants de l'intervention paternelle dans leur éducation?

R. — Certainement, elles présentent d'autres inconvénients ; ce sont ces absences fréquentes, continuelles, quotidiennes, c'est de cet abandon de l'intimité familiale que naissent les désunions entre époux et la désorganisation de la famille. Rien de plus néfaste pour les enfants que la

mésintelligence de leurs parents, puisqu'en définitive, leur union n'a pour but que leur venue en
ce monde et leur élevage physique et moral ! Ils
sont donc, ces pauvres petits, absolument lésés
dans leurs droits par le trouble qui règne dans le
foyer où ils se sont incarnés, dans lequel ils sont
descendus.

D.— Mais enfin, on ne peut pas cependant
demander à la femme des vertus surnaturelles ?

R.— Lorsque la femme se laissant impulser
par la nature et n'étant pas détournée par de fri-
voles prétextes, accomplit son œuvre maternelle
selon son intelligence, il ne faut pas cependant
exiger d'elle des vertus ou une résignation angéliques ; elle a donc un besoin urgent pour soute-
nir son dévouement des encouragements de son
mari, ainsi que d'une certaine participation à son
œuvre. Mais arrêtons-nous sur cette question,
car il y aurait beaucoup trop à dire sur ce sujet.

D.— Alors revenons aux jeunes enfants, si
vous voulez.

R.— Je veux bien ; une déplorable habitude
consiste à les faire coucher avec de grandes personnes et même avec des enfants plus âgés
qu'eux et cela à cause de l'échange de fluides
pouvant affaiblir le plus jeunes ou le plus faible.

D.— Cette promiscuité n'a-t-elle pas d'autres
inconvénients ?

R. — Si, elle en a d'autres, car ces promiscuités sont pleines de dangers pour la santé et la
pureté de l'âme enfantine.

D.— Quels soins hygiéniques doit-on observer
à l'égard de l'enfant ?

R.— Nous ne parlerons pas des soins purement hygiéniques, ils sont assez connus dans les
classes aisées et riches de la société ; toutefois,
nous pensons qu'il y aurait encore bien des
réserves à faire sur ce point.

D.— Mais que peuvent servir des conseils
dans cette voie aux familles pauvres ?

R.— Certainement elles sont incapables de
réaliser à elles seules, toutes les améliorations
utiles au sort de leurs petits enfants !

D.— Comment faire alors ?

R.— C'est alors que la société doit intervenir
pour ne pas laisser péricliter sa plus grande
source de force, de richesse : l'élevage des petits
humains, ceci même par un sentiment d'égoïsme
éclairé.

D.— Ceci est au point de vue physique, mais
au point de vue spirituel, la question n'est-elle
pas plus intéressante ?

R.— A ce dernier point de vue, la question a
en effet une importance bien plus grande, dont
la société paraît ignorer complètement la grandeur aussi bien que la stricte nécessité pour le

développement de la Race et dont les conséquences sont infinies.

D.— A quelle époque doit-on commencer la véritable éducation, l'éducation de raison, dirons-nous, de l'enfant ?

R.— Lorsque l'enfant est parvenu à l'âge de 6 ou 7 ans, qu'il s'est accoutumé au milieu terrestre, que ces perceptions au plan matériel l'on mis réellement en rapport avec la famille où il a pris racine, en raison d'affinités diverses (que nous ne saurions analyser ici même brièvement), il faut commencer à résister aux mauvais penchants de l'enfant, semences d'atavisme ou tendances retrouvées des précédentes incarnations, il faut tâcher (toujours en employant des procédés de douceur et de justice) d'empêcher les développements de ces tendances et enfin si elles sont trop prononcées, trop difficiles à extirper, porter l'activité de l'enfant vers un champ d'action où sa passion dominante puisse épuiser son énergie non seulement inoffensive pour lui, mais utile à tous.

D. — Quelle conduite doit-on tenir vis-à-vis des natures précoces ?

R. — Beaucoup d'enfants sont en effet précoces dans leurs sentiments ; évitez soigneusement d'exciter leur sensibilité par des reproches hors de mesure pour leur responsabilité.

D. -- Pourquoi cela ?

R. — Parce que l'on cause aux enfants des tourments de conscience, dont on ne saurait se faire une idée. A des réprimandes sans fin, les enfants croient avoir commis un crime ; ils se croient perdus et tombent dans une tristesse qui compromet leur santé ou bien leur enlève cette insouciance enfantine que la nature leur donne et pour cause. — Aussi ne montrez jamais vos douleurs, votre désespoir aux jeunes âmes, elles ne peuvent les comprendre, mais sentant avec force, elles en sont brisées.

D. — N'est-il pas pour les enfants d'autres sources de douleur ?

R. — Si, une source trop commune de poignantes douleurs pour l'enfant, douleurs si intenses que l'homme fait s'il les éprouvait dans les mêmes proportions ne pourrait les supporter ; cette source si commune est la jalousie. Ainsi celle qu'il ressent lorsque des parents indignes lui font ouvertement sentir leur préférence pour un frère ou une sœur plus caressant. plus beau que lui. Cette préférence rend l'enfant timide, il devient soupçonneux, son cœur fait pour l'épanouissement se contracte, il souffre horriblement il s'étiole et meurt sans avouer sa souffrance. — Parents abominables, vous êtes meurtrier de votre fils...

Ou bien encore l'enfant développe dans l'amertume de son profond désespoir tous les germes morbides des passions jadis étouffées et qui semblaient mortes pour son âme. — Tout petit, il rêve de crimes monstrueux dont il ne voit pas les conséquences ; il devient méchant et l'occasion venue, souvent à de longues années de distance, il exécutera froidement et tout-à-coup comme sans préméditation un acte criminel ou tout au moins anti-fraternel.

Parents ignorants ou coupables, vous avez forgé le fer qui doit vous atteindre, vous êtes plus que les artisans de vos malheurs, vous êtes celui d'une personnalité qui confiante s'était mise sous votre égide.

D. — A la deuxième phase de l'incorporation, à la puberté, quelle doit être l'impulsion donnée par la famille ?

R. — Quand arrive la deuxième et dernière phase de l'incorporation complète, c'est-à-dire la puberté, l'adolescent entre réellement dans la lice pour le combat de la vie. C'est alors que l'impulsion donnée par la famille devient prépondérante et décisive. Il faut à cette époque de la vie des enfants autant de jugement que d'amour pour prévoir les conséquences de leurs débuts dans la société à l'heure où toutes les passions s'éveillent simultanément, sollicitant toutes leurs satisfac-

tions de la poussée vitale qui se fait chez l'adolescent. Bien dirigées, ces mêmes passions don-
neront une activité généreuse à l'âme et les premiers pas faits dans la bonne voie assureront la
marche de l'homme dans sa virilité.

D. — Pourriez-vous encore fournir d'autres
enseignements sur ce sujet ?

R. — Oh! Il y aurait encore beaucoup à dire
pour appeler l'attention sur l'enfance; si peu
observée et comprise en ce qui concerne l'état
d'âme du jeune réincarné, mais il est préférable
de dire peu à la fois, afin que la leçon soit mieux
retenue.

D. — Pouvez-vous cependant résumer ce qui
concerne l'enfance ?

R. — Oui, en résumé, le grand devoir est après
la propagation de l'espèce, son *élevage* physique
et intellectuel ; l'éveil de la conscience se produit
chez l'enfant d'une façon irrégulière, telle faculté
est précoce, telle autre reste endormie fort longtemps, chaque enfant diffère sur ce point, mais
tous souffrent, du manque d'intelligence ou
d'amour de leurs parents qui ne savent pas approprier les soins ainsi que l'éducation qu'ils donnent à l'état d'âme de l'enfant.

Que chacun s'efforce de se rappeler un de ses
grands chagrins d'enfant, si douloureux que le
vieillard s'en souvient parfois, au déclin de sa

vie ; alors plein de compassion pour les petits de
notre Race, il reconnaîtra que l'Enfance est la
grande pitié !

D. — Pouvez-vous nous donner quelques conseils, touchant les particularités de la vie humaine;
que pensez-vous par exemple de l'*Instruction
Universitaire* ?

R. — Elle est défectueuse, parce que toute
instruction qui rejette de son programme (ou
même scinde dans son enseignement) l'idée d'une
Cause Première Divine et sa concordance psychique et physique est absolument fausse ; elle
l'est même à tel point, que nous préférons en quelque sorte pour l'être humain, le manque de
culture.

Nous pensons que cet enseignement incomplet
et malsain fait le plus grand tort à une civilisation. Les études que vous appelez *cléricales*, sont,
peut-être, au point de vue de l'être psychique,
moins nuisibles à l'ensemble de l'humanité.
Elles resserrent les forces de l'âme, dont l'instruction purement matérialiste dissout l'agrégat.
Donnez à l'intellectualité des enfants une base
religieuse ou philosophique, ne devenez pas les
agents inconscients des Esprits astraux pervers
en détournant les jeunes âmes de l'influx réno-
vateur.

DE L'AME (1)

D. — Pouvez-vous nous donner quelques notions sur la nature de l'âme ?

R. — L'âme est une force vivante créée par l'esprit, et possédant sur tous les plans et dans tous les milieux, le pouvoir d'attirer à elle les matériaux plus ou moins subtils, pour constituer sa forme ou base de son action volitive ; elle exerce également sa puissance sur son entourage immédiat, afin de protéger son œuvre d'agglomération et sa liberté d'action sur son petit domaine.

Du reste l'*Ego* possède plusieurs enveloppes animiques ayant chacune des possibilités diverses.

D. — Sous quel aspect devons-nous voir l'âme de la masse actuelle de l'humanité ?

R. — Si nous prenons le Blanc, comme symbole de la perfection et le Noir pour son opposé, nous verrons que l'ensemble de l'âme humaine est une grisaille foncée, semée de beaucoup de taches de nuances indécises et brunes ; puis des

_____

(1) A propos de l'âme, nous signalerons quatre articles très-curieux et importants sur la nature physique de l'âme et de ses couleurs, d'après un ouvrage anglais : *Soul Shapes*. — Voir le journal de la Cvriosité Nos 154, 156, 157 et 158.   J. M. de V.

lignes blanchâtres irrégulières que traversent de
temps en temps de brillantes étoiles, perdant de
leur éclat en s'immergeant dans ces lignes blanchâtres.

D. — La différence est-elle grande entre les
âmes humaines et celle des animaux supérieurs ?

R. — Pour l'homme bestial, cette différence est
à peine sensible avec l'âme des animaux très
intelligents et chez ces derniers, la faculté aimante
est certainement plus développée que chez la
brute humaine, dont le cœur ne vibre qu'aux
seules satisfactions de l'espèce et dont le cerveau
fonctionne rarement sous l'empire du cœur.

D. — L'âme humaine change-t-elle de propriété
dans ses retours sur le plan astral ?

R. — L'âme ne change pas de propriétés en
arrivant à la région astrale, qui lui a donné
naissance, puisqu'elle est dans sa réelle patrie ;
d'ailleurs, l'âme, commme je l'ai déjà expliqué,
porte en elle le pouvoir de se développer dans ses
modes d'agrégats, se maintenant ainsi toujours
vivante et active selon les milieux fluidiques
qu'elle peut habiter.

D. — L'âme incorporée a-t-elle besoin d'une
alimentation quelconque ?

R. — L'âme étant un organisme vivant a besoin
d'entretenir son agrégat avec des substances plus
ou moins aithérées, selon son degré d'épuration.

Le milieu est toujours nourricier des êtres qui y prennent naissance. L'âme vit conjointement avec le corps, qui lui sert d'enveloppe, mais c'est de la quintessence des aliments, dont ce dernier se substante qu'elle tire sa nourriture. L'air est le véhicule principal de ce genre d'alimentation et c'est surtout durant le sommeil que l'âme libérée quelque temps de ses liens, jouit pleinement du jeu de ses organes, respire, absorbe et se débarrasse des éléments devenus inutiles ou nuisibles.

D. — La perte de sommeil empêche donc l'âme de vivre de sa vie particulière ?

R. — Pas complètement, si non, ce serait la mort ; mais la perturbation est considérable ; je la comparerai volontiers à la respiration insuffisante des poumons et à l'atonie des fonctions vitales pour le corps.

D. — Est-il véritable, que l'âme de l'homme peut entièrement se dissoudre ?

R. — Malheureusement oui ; mais ces cas sont assez rares dans l'ensemble de la création. Il existe tant de degrés dans l'échelle descendante que l'âme perverse arrivée à une certaine connaissance d'elle-même, peut presque toujours (étant occultement sollicitée) en remontant le long et pénible sentier de sa déchéance, reprendre died sur le terrain perdu. Seuls les hommes

arrivés à un *Summum* de savoir de leur race, parfaitement conscients du mauvais usage qu'ils en
font, sont soudainement détachés de leur centre
d'émanation, comme on enlève un grain de raisin
gâté de la grappe; dès lors il ne peut plus exister
dans l'Univers manifesté, que par sa propre force
acquise jusqu'à cet instant, et qu'il entretient par
tous les moyens illicites qui se trouvent à la
portée de son savoir.

L'*Ego* peut ainsi alimenter par sa magie coupable, l'âme son dernier rempart, son instrument
d'action, mais peu à peu sa force diminue sur les
milieux ambiants où il puise sa vitalité et finalement, arrive après de longues périodes à s'affaiblir,
jusqu'au complet anéantissement, et c'est là, le
plus affreux châtiment. Cette étincelle divine en
effet, privée de tout moyen de manifestation et
ne pouvant par sa connaissance du mal retourner
à son foyer pour s'y confondre, reste d'incalcula-
bles périodes de temps dans un état d'incommen-
surable tourment, auprès duquel le feu terrestre
ne peut donner qu'une faible idée..... Pourtant
l'heure du recommencement arrive pour lui
et il peut alors par le grand sacrifice se replonger
dans un Univers naissant, mais quel amoncelle-
ment d'éternité, avant que cette possibilité de
retour lui soit offerte ! ! !

D. — Les prières peuvent-elles apporter aux

âmes un secours assez efficace pour combattre et
arrêter leur dissolution ?

R. — Oui, un très grand secours, et même
l'arrêter complètement. Il faut par l'amour combattre la haine qui est le plus puissant dissolvant.
Il n'y a pas jusqu'au noir démon qui ne puisse
être ainsi régénéré par un enveloppement d'ardente
charité. Il suffit que cette action céleste, l'isole
un peu de temps de son milieu infernal, pour
qu'il puisse se ressouvenir un instant de la patrie
commune, du centre divin, et dans cette illumination, puiser l'espérance d'un retour possible.
Je comparerai cet effet à une opération chirur-
gicale ; c'est une ablation, mais il faut beaucoup de
persévérance dans l'amour pour obtenir un résultat.

D. — Quel rôle doivent jouer les religions
dans l'éducation des âmes ?

R. — Les religions gardiennes des grandes
vérités, aspects divers de la VÉRITÉ UNE, doivent
d'abord protéger les âmes ignorantes, puis les
instruire progressivement selon l'état général des
sociétés, sans jamais promulguer des lois religieuses définitives. La sagesse veut que l'on dise,
ce qui est un mystère aujourd'hui, pour vos
intelligences et que vous devez croire cependant,
sera plus tard compréhensible pour vous.

Croyez et aimez ; la vérité vous apparaîtra de
plus en plus lumineuse ; ce n'est que par amour,

qu'elle se dérobe encore à vos yeux imparfaite-
ment ouverts, etc., etc.».

D. — Quel enseignement général et particulier
les religions doivent-elles donner aux âmes?

R. — Pour éveiller la pensée, le raisonnement
dans les âmes ignorantes, il faudrait se livrer
tout entier à un apostolat de charité, qui s'oublie
à un tel point qu'il n'a plus conscience d'autre
chose, que de sa mission divine. Voilà le véritable *Bon Pasteur* qui donne sa vie pour ses brebis.

Cet enseignement général une fois donné, il
devrait s'établir dans les religions, un enseignement un peu plus complet dans lequel seraient
admises les personnes pieuses, d'une intelligence
plus développée, auxquelles le prêtre donnerait
des explications détaillées sur l'ensemble des
mystères, afin que ces âmes munies de *forces*, de
lumières mentales plus brillantes, pussent à leur
tour, agir sur la foule et cela surtout par l'exemple
et la moralité de leur vie. Voilà le premier devoir
des religions. Il leur en incomberait beaucoup
d'autres encore, si elles exerçaient fidèlement leur
ministère! Si bien qu'un jour, c'est dans leur
sein que résiderait le Pouvoir Souverain spirituel et temporel, car il serait alors complètement
desintéressé.

D. — Est-il bon, lorsque l'enseignement d'une
religion ne suffit plus aux besoins de notre intel-

4

ligence, de faire partie d'une société initiatique appropriée à nos tendances spirituelles ?

R. — C'est une nécessité, au moins pour un temps ; le milieu est favorable à votre développement, il possède par le fait de l'union une atmosphère appropriée à l'éclosion de vos forces mentales, et en outre vous partagez avec vos frères le bénéfice d'enseignement que votre réunion de désir amène fatalement au milieu de vous dans la proportion de votre réceptivité mentale. Le maître spirituel se montre ou inspire directement le maître corporel.

D. — Lorsque nous entrons dans l'une de ces écoles particulières, nous n'avons que des aspirations confuses, nous ignorons le procédé d'enseignement qui va nous être donné, il se peut donc que nous fassions fausse route et qu'une fois admis, nous n'en retirions aucun fruit ?

R. — Les procédés de l'Ecole demandent à être bien examinés, avant d'être jugés ; souvent on ne les comprend pas de suite, d'ailleurs le criterium de leur valeur spéculative est toute dans leur source ; si le maître et la plupart des élèves accomodent leur vie avec leurs préceptes qu'ils soient purs et altruistes, ayez confiance, persévérez à vous instruire parmi eux, car tous les sentiers conduisent au même but : la régénération de l'homme et son ascension virtuelle dans sa patrie spirituelle.

Cependant si malgré la moralité de l'Ecole, vous n'éprouvez pas le sentiment intime d'union avec cette fraternité, rompez avec elle avouant en toute franchise, votre état d'âme. Conservez de la reconnaissance pour les secours obtenus en gardant un inviolable silence sur les indications particulières données au groupe. (En restant dans cette assemblée vous la troubleriez). Dirigez vos pas vers une orientation nouvelle plus favorable à votre état présent.

J'ai dit sur cette question tout ce que j'avais et pouvais vous dire.

D. — L'âme peut elle être souillée comme le corps? Est-elle susceptible de prendre ou d'engendrer les maladies ?

R. — Certainement ; et plus une âme est matérielle, plus elle est soumise à ces aventures ; car elle participe davantage à la vie physique. Les corps physiques sont susceptibles, d'être soignés et guéris plus facilement que les âmes, car ignorant leurs souillures et maladies, on laisse empirer le mal, ou si on le connaît, l'application du remède n'est qu'à la portée du malade qui, devant en faire usage lui-même, manque presque toujours de force morale pour se l'administrer.

Il n'y a pour les âmes, qu'un moyen préventif :
l'hygiène morale et intellectuelle; fuyez les milieux
pervers, légers et même ignorants. Surveillez
attentivement les portes des sens, puisque c'est
par eux que l'âme reçoit une partie des coups de
ses ennemis ; mais surtout veillez à vos pensées,
les véritables *meurtrières* de l'âme, quand elles
sont mauvaises.

D. — Vous nous donnez les moyens préventifs
de protéger l'âme, mais si celle-ci est souillée,
pervertie même, quels sont les meilleurs moyens
curatifs à employer ?

R. — 1° C'est l'alliance de toutes les bonnes
volontés qui l'entourent. — Si c'est un enfant, ou
un mineur, une hygiène physique appropriée au
tempérament, et surtout un changement de milieu,
si c'est possible, le milieu étant très souvent, le
générateur ou le développateur des germes latents
en elle que l'âme apporte de l'existence précédente
ou bien encore, par suite de l'état de faiblesse
morale, qui la laisse sans défense contre l'inva-
sion des germes morbides que les mauvaises
pensées apportent à son cerveau. — 2° Donner à
ses pensées un aliment d'activité, absolument
différent, intéresser l'âme, selon ses penchants
restés purs; former autour de la personnalité
malade spirituellement un cordon sanitaire, jusqu'à ce que la guérison soit complète. C'est pour

cela, que j'ai dit tout d'abord qu'il fallait l'alliance de plusieurs volontés ; la famille et les amis devraient réunir leurs efforts dans le même but. Dans ces conditions et pris à temps, le sauvetage aurait toujours lieu ; et, sauver une âme est autrement utile que de préserver un champ, une maison, ce dont tous les hommes reconnaissent cependant si bien la nécessité, qu'ils font parfois taire leur monstrueux égoïsme pour aider leurs voisins à titre de revanche.

D. — Peut-on, lorsqu'un enfant naît, reconnaître son état d'âme ?

R. — Parfaitement, lorsqu'on est arrivé soi-même à une connaissance assez approfondie de sa propre nature animique, ou bien il faut consulter les voyants naturels, bien exercés, quoique peu instruits selon le mode humain. Ils peuvent donner de grandes indications, et mettre ainsi à même les parents de juger des tendances du nouveau-né parmi les humains (je dis humains et non hommes) et ayant recours alors à des personnes sages et savantes, prendre leurs conseils pour fournir à cette âme confiée à leurs soins, les moyens de se développer dans le sens le plus favorable à son aptitude. — L'enfant, en grandissant donnera par ses penchants natifs, l'éveil à la sagacité des parents, afin qu'ils puissent doser très doucement et avec infiniment de ten dresse, le remède et la résistance aux mauvaises tendances de leur enfant.

D. — Si les tendances mauvaises ne se montrent ou ne naissent qu'à l'âge où l'homme a recouvré son indépendance, ainsi que l'établissent les lois terrestres, que peut-on faire pour enrayer le mal?

R. — Cela devient plus difficile, mais le sauvetage d'une âme est assez considérable surtout dans ses conséquences, pour que tous les efforts soient tentés. — Ici encore l'alliance est bien plus indispensable, et l'on doit même, s'il le faut, faire intervenir le supérieur religieux et même le civil, ce dernier pour arrêter les conséquences, ainsi que le funeste résultat de l'exemple sur les autres âmes. Ne laissez pas au jeune bandit le temps et les moyens de *faire école*; ne le supprimez pas radicalement de la société, vous n'en avez pas le droit, mais séparez-le du reste des hommes ; usez son corps par des travaux périlleux pour la santé des honnêtes ouvriers, mais cependant utiles à toute l'humanité. Ne le faites point souffrir sans nécessité. C'est une honte d'exaspérer ces âmes mauvaises par des traitements atroces et inhumains. Il ne faut que mettre ces êtres mauvais sous un joug, et leur faire comprendre, combien on est attristé d'être forcé d'agir ainsi à leur égard ; que c'est l'idée de sauvegarde de la Société et non la vengeance qui sanctionne leur détention ; ensuite donner à ces pauvres malheureux, le moyen de se guérir eux-mêmes, en leur offrant pour récompense, un enseignement moral rendu accessible à leur intelligence par un mode attrayant ; enfin en évitant des promiscuités extrêmement nuisibles entre les malfaiteurs de genre et de culpabilité différents. — Dans le cas cependant, où toutes ces précautions seraient inutiles, et si la perversion augmentait, il faudrait alors considérer le coupable, comme un possédé, un fou dangereux. Dès lors, il devrait être considéré comme tel et traité et abandonné au service médical.

D. — L'état d'âme d'un *Ego* incarné, peut-il être perçu par les autres incarnés ?

R. — Oui par ceux dont les études psychiques ont développé le mental et cela selon leur état d'avancement. Les hauts sensitifs naturels qui se donnent la peine d'exercer leurs facultés peuvent également deviner par la sensation que leur font éprouver les fluides, l'état moral de ceux qu'ils approchent, sans pour cela en déterminer le classement même approximatif, car il faut pour établir un jugement ayant une base équitable, connaître par la clairvoyance, au moins une partie des causes qui ont amené l'état présent. — Il existe aussi des sensitifs inconscients qui sentent d'une façon rudimentaire les *Auras* bonnes ou mauvaises ; c'est dans ce cas un instinct de conservation. Il faut soigneusement cultiver l'instinct, c'est la voix de la nature avertissant ses créatures pour leur préservation.

D. — Cette âme, manifestant si bien les pensées de l'*Ego*, est elle la même que celle que nous possédons actuellement ?

R. — Non, l'âme revêtant un être séraphique n'est pas semblable à celle des Terriens.

D. — L'âme n'est donc pas immortelle ?

R. — L'âme est une espèce d'organisme plus ou moins aithéré ayant la possibilité de se modifier à l'infini. Elle a en elle le germe d'immortalité, qui pour se développer doit atteindre son union avec l'*Ego* incarnateur. Elle arrive à ce but en se modifiant par de multiples retours dans les existences matérielles.

D. — L'âme peut donc ne pas être immortelle ?

R. — Certainement, tant qu'elle n'a pas rejoint l'esprit dans les sphères lumineuses l'abritant de toute attraction réincarnatrice ; elle peut même perdre petit à petit les développements acquis et finalement se dissoudre dans les éléments, forçant ainsi l'esprit à un recommencement d'épreuves et de travail inouï, pour s'envelopper à nouveau d'un manteau de chair, véhicule animique.

D. — L'esprit n'a-t-il pas un moyen d'agir

sur la matière, sans le secours d'une âme ou de son véhicule?

R. — Non, tant qu'il n'a pas acquis le pouvoir et le savoir par l'expérience, mais son ascension terminée, de retour dans les sphères divines et possesseur de la totale connaissance, il peut à son gré revêtir l'enveloppe nécessaire à sa manifestation présente dans tous les milieux matériels ou astraux.

D. — Ainsi l'âme est une création de l'esprit?

R. — Oui, l'esprit a en lui la faculté de ses développements successifs. Selon les milieux qu'il habite temporairement, l'esprit a besoin de s'envelopper d'une âme pour s'individualiser et se former un centre d'énergie qui lui soit propre et à l'aide duquel, il effectue son long pèlerinage, jusqu'aux confins de la matière.

D. — L'esprit abandonne-t-il dans le milieu qu'il quitte, l'âme devenue défectueuse pour un plan supérieur d'activité?

R. — Pas entièrement; il y a des éléments qu'il conserve et amalgame avec de nouveaux qu'il peut s'approprier. Ainsi une modification a lieu, non un anéantissement complet. L'âme est donc immortelle et vivante, bien que pouvant changer d'aspect selon son perfectionnement.

D. — L'âme instrument indispensable à l'*Ego* doit donc être le sujet de nos études?

R. — Oui, et la principale, la plus utile à notre avancement spirituel.

D. — Doit-on chercher à connaître l'état d'âme de ceux qui nous entourent ?

R. — Oui, certainement, et cela, pour deux raisons principales :

1° Pour notre défense personnelle, ainsi que je viens de le dire, ou bien encore, afin de profiter des influences bénéfiques, en recherchant par tous les moyens, à vivre dans le milieu pur et vivifiant des belles âmes ;

2° Nous devons tâcher de reconnaître l'état d'âme de nos enfants, de nos amis et celui de nos subalternes, pour les guider ou diriger sagement afin de les faire avancer dans la bonne voie et qu'ils ne perdent aucune occasion de s'améliorer. En acceptant de devenir maître ou supérieur, dans n'importe quelle position et sur n'importe quel plan d'existence, nous assumons des grandes responsabilités ; songez-y sérieusement et ne donnez pas à la légère, un ordre, une impulsion à une âme confiée à vos soins ou dépendante de votre volonté.

D. — Les familles, les cités, les nations ont-elles un état d'âme général (ou collectif), que l'on puisse distinguer ?

R. — Cela ne fait aucun doute et dans l'ordre que je vous ai indiqué ci-dessus, les psychiques avancés, et les divers sensitifs exercés peuvent en

parler sciemment. Pour les psychiques très déve-
loppés, c'est une vision très claire, dont ils
souffrent même beaucoup parfois, car c'est en
connaissance de cause, qu'ils bravent pour s'instruire ou apporter des secours spirituels, les
souffrances de tous genres que leurs âmes ressen-
tent à mêler leur fluides aux *auras* malsaines,
dans lesquelles vivent toutes sortes d'entités
perverses et cruelles, s'attaquant avec acharne-
ment à l'âme salvatrice qui vient éclairant leurs
domaines, les en chasser au moins temporairement, ainsi que ravir quelques hommes à leur
esclavage. En reconnaissant la possibilité de
porter remède à tant de misères physiques et
intellectuelles, vous devez pour ne pas travailler
à tâtons dans les ténèbres et perdre ainsi inutilement une partie de votre énergie, apprendre à
distinguer par l'expiration des *auras* particulières ou collectives, les milieux les plus propres
à recevoir votre action, ainsi que les moyens les
plus efficaces pour ce but.

D. — Pouvons-nous, arrivés à cette connaissance, en profiter pour agir sur les collectivités?

R. — Je viens de vous le dire; oui, vous le
pouvez et le devez, mais dans un but *absolument
altruiste;* toute pensée égoïste dans cet ordre
d'intervention occulte, vous serait un bloc de
granit autour du cou.

DES PACTES

D. — Que faut-il croire des pactes faits avec
l'esprit du mal engageant l'*Ego* à lui céder son
âme dans un laps de temps quelconque?

R. — Ces pactes sont réels, consentis ou non
par le fait même que l'âme de l'homme se laisse
envahir et posséder par une entité infernale, elle
se donne absolument; c'est le pacte non con-
senti; le plus souvent l'homme cédant à ses
passions matérielles les plus basses, à ses con-
voitises animales ne se doute pas qu'il se donne
un maître inexorable, qui ne le flatte et ne l'abuse,
que pour se servir de ses organes animiques et
physiques pour sa propre satisfaction et l'assou-
vissement de sa haine du genre humain, dont il
a été retranché. — Il y a également des pactes
consentis avec d'autres espèces d'ennemis de la
race humaine non moins dangereux, qui mettent
l'homme ignorant et simple à la merci de ces
absorbeurs de fluide vital ou force nerveuse émané
par ce dernier; le privant ainsi de son pouvoir
sur le plan astral, ainsi que de sa force muscu-
laire sur le plan physique. Dans cet état d'inertie
de la volonté, l'âme s'affaiblit, le corps dépérit et
la mort survenant, l'âme privée d'énergie, deve-

nue inconsciente de sa supériorité devient en un très long espace de temps, l'esclave abject de son ravisseur.

D. — Les cas sont-ils nombreux ?

R. — Oui, très-nombreux chez les êtres peu évolués, faibles et ignorants; mais il y a des catégories d'êtres spirituels qui arrachent ces malheureux ilotes à leurs persécuteurs, ces sauvetages demandent beaucoup d'efforts et de dévouement. Il est préférable de prévenir ces désordres en développant la conscience des foules, par tous les moyens que la nature et la providence ont mis aux mains des classes plus avancées dans l'humanité.

D. — Le pacte écrit et signé avec l'esprit du mal a-t-il existé ?

R. — Oui, il existe encore de nos jours des hommes assez niais et assez pervers pour faire ces sortes d'engagements. Ce gage matériel réussit parfois à leur assurer les bénéfices et l'impunité dans leurs crimes, leur donnant une assurance illusoire dans sa forme, mais très réelle ; car le fait même de désirer fortement une association quelconque avec une entité fluidique, de n'importe quelle catégorie, nous unit à elle, d'après la loi des affinités bonnes ou mauvaises.

Suivant l'état d'intelligence de l'homme et le degré de l'entité astrale, l'intérêt égoïste les

soumet l'un à l'autre. Il y a connexion et échange
constant d'effluves fluidiques.— Le procédé est le
même pour les effluves angéliques et inferna-
les ; seulement ces dernières sont toujours échan-
gées avec un dommage et un danger énorme pour
l'âme de l'*Ego* incarné. Rappelez-vous que tout
mauvais désir est un appel aux esprits des ténèbres qui le provoquent souvent eux-mêmes et en
profitent toujours, étant attentifs à son éclosion,
comme le pêcheur à la ligne, à la flottaison de
son amorce. L'instruction religieuse et morale
fera un jour comprendre à l'homme sa véritable
nature, ainsi que son intérêt réel.

D. — Les signes et cérémonies des différents
cultes, engagent-ils l'âme de celui qui s'y soumet?

R.— Les signes ont une grande puissance, ainsi
que les cérémonies dans lesquelles il sont donnés.
Mais leurs effets deviennent presque nuls (je dis
presque) quand ils sont formés ou donnés à des
êtres non responsables, ne pouvant en ignorant
leurs pouvoirs, s'en servir. Aux enfants, aux
idiots, aux hommes dont l'intelligence est atro-
phiée par l'âge ou la maladie, on ne peut conférer
aucun pouvoir et cela par n'importe quel signe.
Toutefois les signes, les marquent comme le
ferait un écriteau attaché derrière eux et qu'ils ne
pourraient lire, mais qui les classe provisoirement sous certaines influences. Il est donc

important de faire un choix judicieux de ces
signes et cérémonies, surtout de ne leur donner
qu'un engagement, une demande de protection
provisoire jusqu'à l'épanouissement de la force
intellectuelle, chez celui qui ne confère le signe
qu'à terme et conditionnellement.

D. — Si celui qui donne le signe est indigne,
le signe conserve-t-il son pouvoir ?

R. — Le pouvoir du signe ne dépend pas seulement de celui qui le donne, mais aussi de l'amour
et de la foi de celui qui le reçoit ; souvent donc,
l'opérateur indigne n'est que le transmetteur
mécanique de la force active du signe, mais pour
que le signe possède toute sa vertu et confère au
recevant le pouvoir de le transmettre lui-même, il
faut qu'il y ait amour, pureté et savoir chez tous
les deux.

Il est un mode préférable de recevoir la vertu
d'un signe, mais très-difficile à obtenir : c'est
d'atteindre par l'exercice mystique des pouvoirs
de l'âme joints au dévouement le plus complet à
nos frères, à une région spéciale où le signe avec
sa puissance vient de lui-même à l'homme et le
marque en VÉRITÉ pour toujours. L'homme sent
alors qu'il est *un* avec la lumière reçue.

D. — Existe-t-il des signes ayant une force
plus élevée ?

R. — Oui, mais en définitive ceux qui parais·

sent inférieurs se refèrent tous au plus puissant. Ils sont un acheminement pour comprendre et saisir l'unique vérité. N'oubliez pas que les développements de l'âme ont besoin d'exercices sagement progressifs tout comme l'instruction dans l'enseignement universitaire. .

SUR LES SACREMENTS

D. — Veuillez nous donner, vu l'état actuel des religions quelques explications sur l'efficacité des sacrements et cérémonies des cultes chrétiens?

R. — Les cultes sont nécessaires pour la plupart des humains ; ils doivent être accomplis, en des lieux particuliers appropriés à cet usage et consacrés selon les rites adoptés. Tout doit y être gratuit, une discipline sévère doit y faire régner le recueillement. Point de bruit et de ridicules ajustements, qui distraient l'attention des assistants et mettent en évidence, en haut relief, la situation de fortune des fidèles, dans un lieu où doit régner la véritable égalité dans le véritable *milieu égalitaire*, dirons-nous.

Dans le cadre étroit que je me suis imposé, je ne saurais vous parler plus longuement sur ce sujet, sur lequel, il y aurait tant à dire, aussi je

me résume. Un culte est utile, indispensable
même, dans l'état présent de l'humanité et tous
les sacrements et cérémonies qui le constituent
sont également nécessaires ; ils apportent un
soulagement, une force spirituelle à ceux qui le
reçoivent en *vérité*, c'est-à dire dans de bonnes
conditions. — Je blâme seulement l'abus qu'en
font les assidus d'Eglises et la facilité avec laquelle
les Prêtres confèrent les sacrements.

Il y a là une faute énorme, dont les Prêtres
subiront la peine ; il est vrai qu'ils sont souvent
ignorants ou indignes de leur saint ministère et
que parfois aussi, ils sont moins intellectuels
que leurs ouailles.

D. — L'homme dont l'âme est assez illuminée
pour reconnaître sa nature doit-il conserver
l'usage d'un culte ?

R. — L'homme ainsi développé peut se passer
d'un culte extérieur ; toutes ses pensées et ses
actes sont un culte constant offert à la Divinité
créatrice, mais pour fortifier la foi du vulgaire, il
est bon qu'on continue à honorer de sa présence,
les assemblées religieuses populaires ; il donne
même par ses bonnes influences, un essor plus
grand à la prière générale. — Assistez donc vos
frères autant que possible, si vous êtes assez
heureux pour vous être élevé par le cœur et l'intelligence à un niveau spirituel supérieurs. Conti-

5

nuez d'encourager les âmes retardataires dans leur foi par la sanction de votre présence dans les lieux consacrés pour le culte.

D. — Pensez-vous que les prières faites en commun, ont plus de pouvoir que celles faites en particulier ?

R. — Dans les prières faites en commun, il existe une force plus grande de projection fluidique, où les faibles élans d'un cœur froid ont plus de chance d'arriver aux régions spirituelles et s'y voir exaucées. Je ne veux point dire par là que les demandes égoïstes de nature matérielle soient prises davantage en considération par la Providence, étant adressées en commun, mais je fais seulement allusion aux appels de secours spirituels faits pour obtenir la force de supporter les épreuves ou pour demander l'illumination de l'âme pour soi ou ses frères incarnés ; du reste, je n'admets pas d'autres prières, que pour ce motif. Les autres sont l'effet de l'ignorance des grandes lois ne pouvant être annulées par personne. Toutefois, il faut laisser prier à leur manière les simples d'esprit ; car leurs efforts sont récompensés d'une façon différente, voilà tout. La prière a toujours un effet salutaire pour l'homme, elle l'élève, le fait réfléchir et l'entoure de bonnes influences, car la Divinité n'en a pas besoin pour sa gloire.

D. — Approuvez-vous le luxe dans les églises, celui déployé dans les cérémonies, ainsi que celui des officiants ?

R. — L'Eglise doit porter le cachet de sa destination. — Tout doit expliquer dans les cérémonies leur raison d'être et je pense que les livres de piété devraient contenir moins de formules de prières et de nombreuses explications sur les symboles religieux, sur leur provenance, etc., etc., afin d'initier peu à peu les humains aux grandes vérités que le culte propage en les voilant. Ce serait un champ ouvert aux imaginations stériles qui s'ennuient la moitié du temps aux services religieux. Je comprends les fleurs, la musique, les tableaux, les sculptures représentant l'image des saints, des hommes de bien, non la représentation de la Divinité ; cette représentation n'est à mes yeux qu'une ridicule profanation rapetissant sa grandeur aux proportions humaines. Un symbole suffit largement il prend une extension proportionnelle dans les âmes qui l'acceptent.

Les vêtements chamarés des officiants, sont une chose non moins blâmable. Ces hommes n'honorent point ainsi leur Dieu, ils grossissent leur importance aux yeux de la foule ; voilà tout. La robe blanche et le long manteau, voilà la forme terrestre donnant de la dignité à la démarche, aux mouvements ; c'est ce qui convient le mieux à la dignité d'un Pasteur ou d'un Maître d'âmes.

D. — Vous avez parlé sur le sacrements, d'une manière générale, voulez-vous nous donner quelques éclaircissements à leur sujet ?

R. — La nécessité ainsi que la valeur des sacrements reconnue et acceptée, voyons en quoi et comment ils peuvent porter leurs fruits. — Le BAPTÈME met provisoirement l'enfant sous une influence qu'il devrait arrivé à sa majorité, reconnaître, accepter ou rejeter librement selon son orientation religieuse. Le renouvellement des vœux du baptême, imposé aux enfants catholiques, de 10 à 12 ans, ne les engage nullement, leur conscience étant encore plongée dans l'inconscience de leur nature. Il en est de même pour la hâtive COMMUNION que maîtres et parents se pressent de leur faire faire comme pour se débarrasser d'un souci, ne comprenant pas mieux que leurs enfants, la grandeur de l'acte dans sa sublimité spirituelle. Les Réformés, n'admettant à la Communion que les adolescents de 15 à 18 ans, agissent plus raisonnablement. Mais à vrai dire, la réception de la réelle substance du Sauveur, ne pouvant être que spirituelle, seules les âmes pures et longuement préparées à cette union toute mystique peuvent y participer dans un état d'extase, rendant leur nature apte à cette approche instantanée du fluide divin. Une pareille communion donne la vie éternelle, car celui qui en a reçu la vivifiante lumière, les brûlants effluves, ne l'oublie jamais !...

La communion sous les espèces matérielles n'est qu'un magnifique symbole digne de tout notre respect et dont l'acte fait avec un véritable amour est un secours puissant, efficace pour l'âme et certainement pour le corps, car il attire en ceux qui le reçoivent avec pureté d'intention et sincère désir de s'amender, des grâces suprenantes, mais hélas ! quel abus font les catholiques, de la Communion sous les espèces ! Ces abus prouve bien leur ignorance de sa vertu..... mais passons.

La Pénitence, qui précède la Communion ne remplit nullement le but pour lequel les églises l'ont instituée dans le principe, puisque la confession devait être publique ; dans ce cas, ce n'étaient que les fautes principales dont on s'accusait devait ses frères et certes la honte d'avouer hautement sa culpabilité pouvait arrêter bien des chrétiens sur le point de céder à leurs passions. Il y avait cela de bon dans ces confessions à haute voix, que les frères présents pouvaient user d'indulgence pour le coupable, ou l'aider à se corriger en lui ôtant l'occasion de succomber de nouveau dans son péché.

.De nos jours, la confession est devenue une
tâche hors de sens et dangereuse pour les jeunes
prêtres, fatigante à l'excès pour les prêtres âgés,
qui ne devraient être enlevés à leur haute méditation que rarement et que pour des motifs
sérieux. Ayant recours moins fréquemment à la
communion, on n'aurait pas besoin d'aller faire
perdre leur temps à des hommes dont tous les
instants doivent être consacrés à la prière ou à
l'instruction des âmes ; dans les confessionnaux
les fidèles reçoivent certainement quelques conseils, mais on y rentre de part et d'autre dans des
détails inutiles et parfois malsains pour les âmes.
Le pénitent a trop de propension, sous prétexte
de franchise à se dévêtir complaisamment l'âme,
afin de se faire plaindre ou consoler, bref, tout
cela est parfaitement inutile. L'examen de cons-
science fait le regret de la faute ; s'il est réel, il se
fait sentir immédiatement et la résolution de se
corriger se produit aussi. Je ne reconnais la
nécessité que d'un Directeur de conscience pour
les âmes dans des dispositions exceptionnelles
d'épreuves ou d'avancement psychique...

Je reconnais qu'avec la méchanceté actuelle de
l'humanité, la confession publique n'a plus sa
raison d'être ; mais il y a un moyen terme que
les Protestants ont adopté et aussi le Père Loyson
dans sa *Réformation*.

La CONFIRMATION est un sacrement qui n'a de valeur que dans la ferveur de celui qui le donne et de celui qui le reçoit ; c'est un symbole d'une magnétisation suprême attirant dans les âmes les effluves spirituels de la source la plus élevée, pouvant donner un essor rapide aux facultés mentales ; les apôtres et les disciples du divin Nazaréen en eurent la preuve visible dans leur Assemblée intime.

D. — Le MARIAGE doit-il être civil ou religieux ?

R. — Le mariage religieux est le seul admissible, puisque le mariage est affaire de conscience.

— Le mariage civil n'est qu'un enregistrement de contrat, aujourd'hui temporaire !

D. — Cet acte important de la vie ne devrait-il pas être précédé d'une sorte de repos, de recueillement physique, moral ou spirituel ?

R. — Certainement, ce serait là une chose excellente : le mariage devrait êtré précédé d'une retraite, durant laquelle les futurs époux se prépareraient chacun de leur côté au solennel engagement qu'ils vont contracter sous l'auspice de la Divinité et l'égide des lois humaines pour former une famille vertueuse.

D. — Cette sorte de retraite serait-elle utile pour les jeunes filles, principalement ?

R. — Oui, celles-ci au lieu de s'occuper de détails mondains devraient dans le mois précédant le mariage se réunir toutes dans une retraite commune (les jeunes filles riches payeraient pour les pauvres) afin de recevoir les enseignements d'un prêtre sage et instruit.

D. — Que feraient-elles dans cette retraite ?

R. — Elles feraient des prières et des médita_tions propres à attirer sur elles les forces spirituelles dotant l'épouse et la mère d'une précoce sagesse pour remplir les grands devoirs dans la famille humaine.

D. — Cependant à la veille de se marier on ne peut pas toujours dire et répéter:

Frères, il faut mourir?

R. — Evidemment non! La joie des noces est sainte et naturelle, on doit les goûter avec reconnaissance pour la Providence et, fêter ces jours d'allégresse, est bien permis ; mais par ces temps de matérialisme grossier, ce ne sont que les mauvais instincts, les vanités puériles et la recherche exclusive de la fortune qui agitent non seulement le cœur des futurs époux, mais encore celui de leur famille respective et jusqu'aux amis jaloux et indifférents.

D. — Que peut-on bien attendre de cet état d'âme général ?

R. — Une demande en divorce à une échéance plus ou moins proche, ou bien l'existence haletante ou tourmentée d'un des deux conjoints, presque toujours du plus faible. de la femme victime de la mauvaise éducation et de sa détermination étourdie dans le choix du mari plutôt que de l'époux lui-même.

D. — Et les enfants?

R. — A cause d'eux, rien n'est plus sérieux et conséquentiel que le mariage. La société civile est impropre à lui donner sa sanction et surtout sa préparation ; faire passer la jeune fille à l'état de femme, disons plutôt de mère, est l'acte le plus grave qu'il soit au monde ; l'avertir de ses nombreux devoirs, de souffrances certaines à accepter, d'un dévouement sans bornes qui ne doit cesser qu'avec sa vie. Voilà de quoi fournir le thème de bien des conférences à faire pour le Pasteur inspiré et délicat connaissant les âmes féminines.

D. — Commet régénérer la Race?

R. — En préparant bien les mères. en leur apprenant à élever l'enfant, toute l'humanité marchera à grands pas vers la Régénération de la Race ; c'est là un fait certain !

D. — Que faut-il penser du sacrement de l'ORDRE?

R. — Nous n'en dirons que quelques mots, ce sacrement n'étant utile qu'à un nombre restreint d'hommes exclusivement à la portion mâle de l'humanité (ce qui n'est peut-être pas d'une justice équitable, la femme pouvant *en certains cas* tenir sa place dans le sacerdoce).

D. — N'y a-t-il pas eu dans l'Antiquité des Prêtresses ?

R. — Si, les Grecs, les Romains et avant eux les Egyptiens, les Celtes et autres peuples ont eu des prêtresses, qui remplissaient fort bien les fonctions du sacerdoce.

D. — L'ordre n'a-t-il pas jusqu'à un certain point une similitude avec le mariage ?

R. — Certainement l'ordre a quelque ressemblance avec le mariage. Ici l'homme s'unit à sa corporation religieuse, en accepte les devoirs et les charges, rompt tous les liens avec la vie mondaine pour accomplir une vie de dévouement et de renoncement à sa volonté personnelle, agissant en dehors du cercle tracé par sa mission longuement consentie et enfin acceptée solennellement devant les maîtres visibles et invisibles au nom de la Divinité.

D. — Doit-on ordonner les prêtres publiquement ?

R. — Non, seuls les proches parents des récipiendaires devraient être admis dans l'église ou chapelle dans laquelle se fait l'Ordination. Cette cérémonie devrait toujours être accomplie de nuit avec une grande pompe religieuse.

D. — Que pensez-vous de l'EXTRÈME-ONCTION?

R. — On ne devrait en gratifier que les moribonds qui ont conservé leur pleine lucidité, car souvent dans l'administration de ce sacrement, on donne le *Viatique ou Communion in extremis.*

Dans le cas contraire, ce n'est qu'une inutile parodie regrettable à tous les points de vue étant parfaitement inefficace.

D. — Mais en supposant que le moribond a sa pleine connaissance, à quoi cela peut-il lui servir ?

R. — Si le mourant peut conserver malgré son état de faiblesse, une perception suffisante de la cérémonie, celle-ci doit le calmer, s'il est religieux ; dans tous le cas, ces signes faits sur les principales parties du corps et cela avec une piété sincère, ont le pouvoir d'éloigner les larves et une foule d'êtres impurs et malfaisants qui guettent le départ définitif de l'âme pour l'harasser, lui faire du mal et retarder son éloignement de sa dépouille mortelle

DES EGLISES

D. — Les églises doivent-elles rester indépendantes des autorités civiles ?

R. — Oui, il est de leur dignité de rester libres de toutes attaches civiles, leur ministère exige cette condition pour rester indépendant et conserver intact sa haute suprématie religieuse.

D. — Comment pouvez-vous concilier cette
indépendance avec le traitement accordé aux
clergés par la société civile, par l'Etat; le prêtre
devant accomplir toujours son ministère gra-
tuitement ?

R. — Dans l'organisation actuelle des clergés,
la chose ne se peut ; le prêtre est le serviteur de
ceux qui le paient, bien plus que de son Dieu. —
Mais dans les conditions que je vais brièvement
exposer, le clergé devenu indépendant serait-à
même d'accomplir véritablement sa mission d'a-
mour et de dévouement.

D. — Comment cela ?

R.— Lorsqu'on dota de richesses les Couvents
et les Chapitres, que les prêtres eurent en entrant
dans les Ordres : luxueuses habitations et riches
prébendes. ils avaient certainement une indépendance parfaite, mais leur situation d'alors était
un contre-sens avec l'Evangile du divin Nazaréen,
et s'ils eussent été pénétrés de l'esprit du Christ,
ils auraient réduit au simple nécessaire leur fortune énorme et fondé des hospices ou maisons de
retraites pour les vieillards, etc., etc.

Si les clergés remplis de la lumière de l'esprit
saint avaient fait usage de cette illumination, ils
n'eussent pas attiré sur eux, cette réaction terri-
ble qui a abaissé à tel point leur caractère que le
peuple les a mis à sa solde ! quelle humiliation !

D. — Que faudrait-il faire pour remédier à cette situation ?

R. — Voici quel devrait être l'état du clergé pour reprendre sa véritable place dans la société actuelle.

1° La Commune (non l'Etat) fournirait à ses prêtres et cela en don définitif, une maison d'habitation avec un grand terrain propre à récolter fruits, céréales, légumes à la consommation journalière ; prairies, etc., etc., et bâtiment d'exploitation de capacité suffisante pour permettre aux prêtres une existence simple, mais exempte de soucis matériels.

D. — Comment devra-t-on recruter le clergé ?

R. — Les prêtres ne seraient recrutés que parmi les hommes arrivés à l'âge de 3o ans, ayant reçu une instruction avancée et ayant vécu dans le monde assez pour en connaître les besoins ; ainsi que les misères et les erreurs de ceux à qui les illusions mondaines auraient confirmé la réelle vocation, celle qui ne recule devant aucun sacrifice, qui l'appelle au contraire de tous ses vœux et sait l'accomplir avec joie. — Pour un tel prêtre, la vie se résout au nécessaire dans l'indépendance absolue de toute attache prosaïque.

D. — Et le service militaire ?

R. — Le temps de service militaire, cette absurdité imposée aux jeunes Lévites par une législation ignorante et mauvaise serait par le fait aboli, puisque le prêtre n'entrerait dans les Ordres qu'à 30 ans.

D. — Et l'Avoir que le jeune homme aurait gagné, de 20 à 30 ans que deviendrait-il ?

R. — La somme plus ou moins forte que l'homme avant d'entrer dans les Ordres aurait pu réaliser, il l'apporterait à la caisse de l'évêché pour être centralisée et les intérêts sagement administrés fourniraient en commun à tous les prêtres du Diocèse, les émoluments indispensables à l'entretien de leur garde-robe, etc., etc.

D. — Et l'évêque de quelle façon devrait-il vivre ?

R. — L'évêque devrait vivre aussi pauvrement que ses frères subordonnés, en compagnie de ceux de la ville lieu de sa résidence.

D. — Et que devraient faire les fidèles ?

R.— Les fidèles aimant et respectant ce clergé noble et vertueux, donnant l'exemple de toutes les vertus chrétiennes enseignées par l'Évangile pourraient fournir au presbytère (pour tous les prêtres) les vivres et offrandes en nature que leur suggéreraient leur bon cœur ou leur pieuse reconnaissance.

D. — Qui serait chargé de distribuer les aumônes ?

R. — Les fidèles les feraient eux-mêmes conseillés par leur pasteur, plus à même de connaître l'opportunité des prompts secours à donner. Etant sages et inspirés, car tout homme pieux remplissant dignement son ministère est aidé et inspiré du ciel dans une certaine mesure.

D. — Quelle serait la position du prêtre par rapport à sa famille ?

R. — L'homme entrant dans les Ordres à 30 ans, n'étant ordonné qu'à 33 ans aurait eu le loisir de connaître la gravité ainsi que la conséquence de sa détermination et d'y réflechir.

D. — L'homme se destinant à la prêtrise recevrait-il une dot de sa famille, en supposant celle-ci aisée ou même riche ?

R. — Le futur prêtre pourrait recevoir de sa famille comme dot une somme, dont le maximum serait fixé, mais il renoncerait dès-lors à toute autre part d'héritage, quelle que fut la fortune de sa famille ; et même si celle-ci n'avait pas d'autre enfant. — L'homme voué au service du Seigneur ne doit posséder en commun avec les autres serviteurs ses frères que le strict nécessaire.

D. — Bien que prononçant ses vœux à l'âge de complète responsabilité, le prêtre vaincu par des passions mal étouffées peut regretter la vie mondaine, défaillir à ses vœux.

Quel sort lui est-il réservé en ce cas

R. — L'homme engagée dans la voie ecclésias-
tique à cet âge de 33 ans tomberait rarement dans
des fautes graves, obligeant l'Eglise à le rejeter
en dehors de son sein ; mais le cas échéant, une
grande pitié devrait mitiger la sévérité de cette
expulsion; on devrait lui laisser un certain laps
de temps de réflexion pour s'amender et s'il per-
sistait malheureusement dans sa défaillance, on
devrait le délier solennellement de ses vœux; lui
rendre la dot qu'il avait apporté à la communauté
et lui faire autant que possible quitter la localité
de sa résidence. Pour adoucir cette rupture et
s'efforcer de lui procurer ailleurs un gagne-pain
honorable afin que plus âgé, revenu à de meilleurs sentiments, son âme put bénir le Seigneur
et ses serviteurs charitables.

D. — Le prêtre ayant rompu ses vœux, pour-
rait-il rentrer dans ses droits civils, comme
héritier de sa famille?

R. — Non et s'il en était autrement, l'appât
d'une grande succession inopinée pourrait faire
échec à la vertu de l'être vacillant dans le secret
de son âme, s'il doit ou non rester membre de
l'église. D'ailleurs la renonciation aux héritages
étant faite, avant d'entrer dans les Ordres serait
définitive, le contraire occasionnerait des trou-
bles dans les familles et la possibilité d'un retour
doit être complètement écartée.

D. — Le prêtre doit-il prendre part à la vie civile par le vote et autrement ?

R. — Non certes, ni payer d'impôts d'aucune sorte, ni de service corporel. Il ne serait tenu qu'à la défense de son presbytère, s'il était attaqué ou à celle des enfants momentanément placés sous sa sauvegarde.

D. — Admettez-vous que l'instruction soit donnée par des prêtres ou par des ordres religieux dans des maisons spéciales leur appartenant ?

R. — Non, l'instruction exclusivement religieuse doit-être donnée soit dans les églises, chapelles ou salles consacrées à ce haut enseignement. Il faut que les jeunes âmes soient instruites dans ces vérités plus ou moins dévoilées, mais non pétries dans un sens unique, dans un moule spécial propre à former dans l'âge viril des cléricaux non des chrétiens éclairés et sincères ; d'ailleurs les maisons religieuses des deux sexes forment une branche de spéculation et d'industrie qui est incompatible avec l'esprit d'abnégation qui doit régner dans les ordres religieux. — L'instruction religieuse doit marcher de pair avec l'instruction profane, mais dans un local différent et par d'autres professeurs, ces derniers étant ecclésiastiques.

D. — Que pensez-vous des couvents en général ; doit-il y avoir des couvents de femmes ?

R. — Liberté entière doit être accordée aux associations, donc les femmes elles aussi peuvent vivre en communauté, suivant la règle choisie par elles pourvu en général que les exercices religieux, la façon de procéder des associations, ne porte jamais atteinte à la liberté publique.

La personne entrant en religion, qu'elle soit ou non cloîtrée, peut apporter à son association ce qu'il lui plait, comme valeur mobilière ou autre. Mais une fois l'engagement pris de quitter les biens périssables de ce monde, elle doit se conformer à ses vœux, perdre le droit d'hériter ; de cette manière, les couvents n'accepteraient pas ainsi qu'ils le font la fortune des familles, laquelle est plus utile dans la circulation générale. — Il y aurait aussi un avantage autrement sérieux pour la vie religieuse ; c'est que l'appât des richesses ne pousserait pas les supérieurs à attirer les personnes riches, souvent peu faites pour cet état particulier, par une vocation artificielle provoquée de longue main, par d'habiles manœuvres et font très souvent avorter la véritable mission de ces pauvres âmes.

D. — Les prêtres doivent-ils changer de localité pour exercer leur ministère ?

R. — Le moins possible ; connu de longue

date par les fidèles. le prêtre a plus d'action sur eux et leur impose l'estime par la pureté de sa vie et l'exemple de son dévouement de tous les instants.

D. — Les évêques doivent-ils porter des marques distinctives des autres ecclésiastiques ?

R. — Oui, mais discrètement visibles, un anneau sacerdotal à influence magique ; le même anneau (au moins pour la pierre) se transmettant d'évêque en évêque dans le même diocèse ; une doublure de manteau ou un couvre-chef légèrement différent. — Au reste l'état de vie de l'évêque doit très peu différer de celui de ses subordonnés; il n'existe de différence que dans la nature des occupations plus complexes pour l'évêque et demandant une sagesse plus consommée, ainsi qu'un dévouement plus complet et exercé, puisqu'il doit donner l'exemple à ses frères et posséder sur eux assez d'ascendant spirituel pour ramener les défaillants dans le droit chemin.

D. — A la mort d'un membre du clergé d'une localité, sa dot doit elle faire retour à la famille ?

R. — Non, j'ai dit qu'entrant dans l'Église, l'homme renonce à tout intérêt matériel avec les siens, car il entre dans la grande famille sacerdotale; sa part reste donc acquise à la maison où il a vécu. Cette somme jointe à d'autres pourront un jour indemniser la ville ou les communes des dépenses faites pour l'installation de cet ordre d'organisation. L'Église reviendrait donc ainsi à son ancien état d'indépendance qu'elle regrette à juste titre, car elle lui est absolument nécessaire pour agir en complète liberté de conscience.

LE PAPE

D. — Reconnaissez-vous la nécessité et le pouvoir d'un Pape ?

R. — Oui comme chef purement spirituel, tenant plutôt un rôle nécessaire, qu'un pouvoir prépondérent. Comprenant l'Unité nous avons besoin que la représentation symbolique existe parmi nous. Le Collège des cardinaux a aussi sa raison d'être, mais non organisé tel qu'il est de nos jours, où la politique guide le choix des candidats à ce poste important, puisqu'il doit être le conseil suprême dans lequel, une infaillibilité relative devrait exister, puisque l'inspiration divine y serait sûrement attirée, et n'en doutez pas si l'appel à la sagesse divine est faite par des hommes sages et pieux dans une Assemblée ne se proposant que le bien de tous, cet appel sera toujours entendu et même la preuve tangible accordée.

D. — Si vous ne reconnaissez qu'un pouvoir

spirituel au Chef Suprême d'une Eglise représentant des millions de fidèles, comment lui assurez-vous sa liberté d'action dans le monde au milieu d'ennemis de ce pouvoir spirituel, reconnu seulement par une fraction de l'humanité terrestre ?

R. — Le Pape ou Chef Suprême d'une religion, doit posséder un territoire assez vaste pour que les revenus du sol puissent lui assurer une grande indépendance, non seulement à lui personnellement, mais encore aux membres du clergé qui travaillent immédiatement sous ses ordres, ainsi qu'aux serviteurs (appartenant tous à un ordre religieux quelconque) briguant l'honneur d'utiliser leurs forces physiques dans le travail des champs ainsi que dans la demeure Papale et dans ses nombreuses dépendances.

D. — Ce territoire appartiendrait-il en propre à la Papauté ?

R. — Oui, ce territoire doit être absolument neutre et reconnu fraternellement tel, par les grandes puissances qui se partagent le globe.

D. — Quels seraient les droits et les devoirs du Pape ?

R. — Le Chef spirituel de l'Eglise a le droit et le devoir de donner son avis et ses conseils aux fidèles de sa religion, et cela, en toute liberté, mais jamais il ne devra imposer sa volonté ou

s'immiscer dans l'organisation d'un gouverne-
ment quelconque. Ceci est en effet trop humain,
trop matériel, et ce mélange du spirituel et du
profane, s'exerce toujours au détriment de la
sainteté de l'enseignement spirituel ?

D. — Mais, si les puissances humaines demandent au Chef Suprême de décider entre leurs
différents, que doit faire un souverain Pontife?

R. — Accepter le rôle d'arbitre, mais ne jamais
le solliciter d'aucune façon, ni directe, ni indi-
recte.

Il doit ensuite s'entourer de ses cardinaux et
des hommes supérieurs de son entourage (à quelque rang de la hiérarchie qu'ils appartiennent) ;
puis il doit appeler par la prière et le plus complet désintéressement du résultat, l'inspiration
divine sur le jugement et la sentence à rendre.

J'insiste sur le désintéressement dans le litige
à résoudre. Aussi dans de telles conditions de
pureté et d'isolement humain de la question, la
réponse sera toujours l'expression la plus complète de la justice dans la phase du développement moral où elle sera invoquée.

D. — En ce qui concerne l'arrêt Papal, quel
effet doit-il produire ?

R. — Lorsqu'un Pape aura rendu son arrêt,
il devra être sans appel, car le mental humain ne
saurait voir plus haut ni mieux pour l'époque.

L'Esprit du Seigneur Jésus, demeure en son Eglise, laquelle comprend tous ceux qui le connaissent, l'aiment et suivent sa Doctrine.mais plus particulièrement parmi les hommes voués à l'enseignement de cette même Doctrine. Donc si le Chef Suprême de l'Eglise Chrétienne remplit dignement son grand rôle dans les conditions d'humilité, de désintéressement et de noble indépendance, le Maître Jésus, fils de Dieu, le remplira de sa sagesse et de son inéffable amour, lui donnant d'une manière immuable sa Paix.

D. — Vous avez dit, l'Eglise Chrétienne, au lieu de Catholique. Pourquoi, puisque les Catholiques seuls reconnaissent le pouvoir du Pape ?

R. — Les Eglises Grecques, Protestantes, Anglicanes, et autres encore sont des fractionnements (considérables il est vrai) de la seule Eglise Chrétienne, et cela est fâcheux, mais la juste conséquence des fautes graves de la Papauté depuis bien des siècles, laquelle est restée plus profane que spirituelle, c'est par la conduite plus qu'indigne de plusieurs papes, laissant s'introduire la simonie et tous les vices humains dans le haut clergé, que se sont détachées tant d'âmes d'élite de la *Primitive Eglise* fondée par les Apôtres qui en formaient le noyau sacré !

Au lieu d'écouter ces Saints Illuminés du Ciel qui voulaient arrêter le flot de perversité menaçant d'anéantir l'Œuvre des Apôtres, les VENDEURS du Temple ont martyrisé ces hommes qui flétrissaient les débordements de l'Eglise qui faisant le trafic honteux des indulgences, a déterminé par cette dernière jonglerie des choses saintes (les Prières), cette partie d'élite à se soustraire à la houlette du Pasteur reconnu et accepté comme représentant le Divin Maître, en ce bas Monde !

L'Œuvre hardie et longtemps désintéressée des promoteurs du Protestantisme a sauvé l'Occident de l'abrutissement et de l'esclavage moral. A eux nous devons tous progrès et la plus grande des libertés : celle de la conscience, la sainte liberté de comprendre et d'aimer Dieu en Esprit et en Vérité, et l'Eglise Catholique, qui de sa haine féroce autant qu'aveugle a martyrisé leurs adeptes, leur doit cependant de s'être relevée de son abaissement moral et de compter tant de saints dans sa communion !

Oui, Luther a été grand et son œuvre grandiose ; il a rendu un grand service à la chrétienneté en la purgeant d'éléments vicieux accumulés durant des siècles à l'ombre et sous la protection de la Papauté indifférente ou coupable !

Le ferment de progrès et de liberté apporté sur la terre par les Grandes Ames, qui ont scindé l'Eglise du Christ, a fini son action salutaire et providentielle. A l'heure présente, les successeurs de ses envoyés célestes retombent en partie dans les erreurs catholiques et sont plus qu'elles réfractaires aux progrès du spiritualisme transcendant; ce qui est une preuve évidente de leur infériorité présente.

Dans cet état de choses, le fractionnement primitif n'a plus sa raison d'être et devient un obstacle à l'Unité toujours préférable dans une même doctrine. Aussi espérons-nous que si la Papauté et le haut clergé s'organisaient ainsi que nous le disions plus haut, une entente s'établirait entre toutes les communions dissidentes, pour rentrer dans la grande Unité et si désirable et si utile pour l'enseignement des âmes.

D. — Vous ne parlez que du clergé catholique, qu'elle serait la position des autres pasteurs d'âmes ?

R. — Ce qu'elle est aujourd'hui, puisque ces pasteurs ont adopté le mariage ; toutefois un logement avec dépendances pourrait leur être offert dans des conditions analogues, où ils établiraient une organisation que leurs besoins et l'intérêt de leur culte exigeraient ; mais je ne conçois pas la manière pratique d'opérer dans la condition du mariage. Ces hommes restant partie active de la vie sociale ordinaire, pourraient comme les Apôtres et disciples du Christ de la primitive Eglise, se livrer à des travaux manuels pouvant s'exécuter dans leur habitation et dont le produit servirait à les faire vivre avec leur famille dans une honnête pauvreté. Ce labeur ne les empêcherait pas de remplir leur pratique cultuaire ; d'ailleurs les vrais fidèles à un culte quelconque ne viennent que trop au secours de leur prêtre, et du reste, le Pasteur réellement pauvre peut recevoir sans fausse honte les dons de première nécessité.

D. — Approuvez-vous les cérémonies religieuses faites en dehors des Églises, les processions par exemple ?

R. — Pour frapper les intelligences incultes, les pompes religieuses montrées publiquement ont leur avantage ; mais je crois préférable, pour ne donner aucun prétexte à la méchanceté, à l'intolérance des cœurs égoistes, de restreindre ces manifestations dans une enceinte quelconque ; au reste tout dépend de l'état général d'une population, de l'époque de foi, etc., etc.

Comme la vérité l'erreur a ses amants,
Le philosophe approuve ou blâme avec prudence,
Et si l'erreur triomphe, il s'éloigne ; il attend (1).

(1) *Vers dorés de Pythagore,* dans Isis Dévoilée ou *l'Égyptologie Sacrée,* pages 228 à 230 ; un vol. in-12, Paris, 1892.

FIN

TABLE-SOMMAIRE DES CHAPITRES

INPRIMERIE ET PAPETERIE DES ALPES-MARITIMES
Nice — Rue Saint-François-de-Paule, 16 — Nice

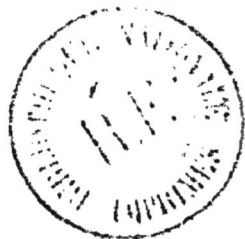

www.ingramcontent.com/pod-product-compliance
Lightning Source LLC
Chambersburg PA
CBHW070127100426
42744CB00009B/1762